论可持续发展

林永生　孟辰雨　著

北京师范大学出版集团
BEIJING NORMAL UNIVERSITY PUBLISHING GROUP
北京师范大学出版社

前　言

　　19 世纪，工业革命大大增强了人类改造自然的能力，各种新技术、新产品、新服务层出不穷，物质丰裕，未来可期。然而当现代科技应用于军事之后，20 世纪相继出现了两次世界大战，代价惨重，创伤深刻。进入 21 世纪，国际秩序深度调整，新贸易保护主义重新抬头，地缘政治与经济形势异常复杂，人类社会面临"百年未有之大变局"。从这个意义上来讲，要想构建人类命运共同体，就需要在全球范围内凝聚共识，消除分歧，当然，还需要增强包容性和尊重多样化。

　　沉舟侧畔千帆过，病树前头万木春。所幸可持续发展已成为人类社会广泛共识，世界各国也都相继拥护可持续发展战略，以此度过这个新百年。换句话说，可持续发展能够成为希望之桥或说友谊之桥，既能拯救人类赖以生存的蓝色星球，又能促进各国人文交流、经贸往来和政治互信，还能为我们的子孙后代保留过上美好生活的机会。

　　1983 年，联合国通过决议，成立世界环境与发展委员会（World Commission on Environment and Development，WCED），由挪威首相格罗·哈莱姆·布伦特兰（Gro Harlem Brundtland）担任主席。WCED 于 1987 年发布了一份名为《我们共同的未来》的报告（又称《布伦特兰报告》）并经联合国大会讨论通过。《布伦特兰报告》提出了被各界普遍引用的"可持续发展"的概念——既能满足当代人的需求，又不损害子孙后代满足自身需求能力的发展。可持续发展随后成为 1992 年联合国环境与发展大会的主要议题并被各国普遍接受。2015 年 9 月，联合国成立 70 周年系列峰会汇聚了各国元首、政府首脑和高级别代表，193 个成员国一致审议通过了《变革我们的世界：2030 年可持续发展议程》。可持续发展目标（Sustainable Development Goals, SDGs）是此项议程的核心内容，共包括 17 大类目标、169 个子目标。SDGs 旨在号召和指导各国转变发展理念，从经济、社会和环境三大维度着手，采取行动，调整政策制定与战略规划，到 2030 年实现各项目标。至此，可持续发展已成为全球发展战略，联合国层面也形成了一整套指标体系用以监测全球、区域、国别的可持续发展进程。

　　《布伦特兰报告》提出的可持续发展的概念，虽简单，但抽象。什么样的发展才既能满足当代人的需要，同时又不损害子孙后代满足他们自身需求能力？为何要推行可持续发展？可持续发展能实现吗，需要政府、企业、居民、学校等各类主体分别做些什么？可持续发展目标是如何酝酿提出的，它能全面精准地量化测度可持续发展绩效吗？如果不能，还有无其他更好的相关指标体系？中国在践行可持续发展方面采取了哪些政策措施，成效如何？本书将尝试逐一回答这些问题。

　　关于可持续发展的著作已浩如烟海，与之相比，本书主要特点可概括为三个"新"。一是新思路。本书首先从可持续的概念出发，逐渐引出可持续发展的概念及其历史演化，其次从时代背景、不同主体的角色分工、目标、绩效测度等层面剖析可持续发展，最后介绍中国践行可持续发展的政策措施及其成效。二是新内容。本书系统梳理了近年来国内外在可持续发展领域的政策措施、目标进展和研究前沿。三是新方法。本书主要以经济学为基础，借鉴环境科学与工程、生态、社会、地理、统计等相关学科知识，围绕经济、社会、环境三大维度，运用真实进步指标（Genuine Progress Indicator, GPI）框架体系，测度国家和地区层面的可持续发展绩效。

　　本书既可用作可持续发展类课程的教材，又适合所有希望全面认知并践行可持续发展的政府官员、企业管理者和热心公民。解析可持续发展这一内涵丰富、涉及学科众多的主题，颇具挑战。因受作者专业知识所限，本书难免有所疏漏，不足之处，敬请广大读者朋友们批评指正！

林永生

2025 年 3 月于北京师范大学后主楼

目　录

第一章　总　论

一、"马尔萨斯幽灵"是否再现？　/ 002

二、经济增长究竟有无极限？　/ 004

三、技术乐观主义者靠谱吗？　/ 007

四、本书篇章结构及主要观点　/ 009

第二章　长乐未央：可持续的内涵与外延

一、概念演化　/ 016

二、维度划分　/ 025

三、属性区别　/ 030

四、伦理要求　/ 036

第三章　临危自醒：从可持续到可持续发展

一、早期中外生态环保思想　/ 043

二、绿色运动：人类环保意识觉醒　/ 050

三、《布伦特兰报告》：普及可持续发展概念　/ 054

四、可持续发展：全球发展战略　/ 064

第四章 鸿业远图：从千年发展目标（MDGs）到可持续发展目标（SDGs）

一、千年发展目标 / 068

二、可持续发展目标的酝酿和产生过程 / 073

三、可持续发展目标及其指标体系的特点 / 077

第五章 乘时乘势：可持续发展面临的挑战和机遇

一、经济维度 / 083

二、社会维度 / 089

三、环境维度 / 092

第六章 和衷共济：助力可持续发展

一、企业可持续管理：动机、途径与甄别 / 107

二、生态公民与可持续消费 / 128

三、可持续发展教育（ESD）和可持续教育（EiS） / 140

第七章 目量意营：可持续发展绩效测度

一、GDP 及其局限性 / 151

二、旨在补充或替代 GDP 的指标 / 164

三、真实进步指标（GPI） / 169

第八章 日新月异：可持续发展在中国

一、可持续发展逐渐成为中国的国家战略 / 177

二、中国持续推动落实《2030 年可持续发展议程》 / 180

三、中国地区可持续发展绩效测度：基于真实进步指标 / 186

后 记 / 195

第一章
总　论

当我们身处土地广袤、人口稀少、资源丰富、天蓝水绿的世界之中，资源枯竭和生态危机似乎遥不可及。此时，人们很自然地就会形成一种直线思维模式——一切照旧即可，只要延续过去的做法，未来就会持续向好。

然而，这样的时代已经渐行渐远。人们如今要面对一个"双重有限"的世界：一是物质资源有限，二是整个自然界对废弃物的吸收和净化能力有限。后工业化社会的资源开采利用强度、能耗水平、污染物排放强度、生产和消费模式大多是不可持续的。多个维度的挑战相互交织在一起，彼此影响。因此，在新时代，我们不能再简单地依据过去，研判未来，而是要树立非线性的世界观，学会运用复杂、系统思维去解决诸多棘手的可持续发展的挑战。

有个关于火鸡的讽刺小故事：一只火鸡发现农夫每天早上都给它送食物，无一例外，于是便断定，它的农夫主人很仁慈，它也会被好好地供养着，无须恐惧。数周过去了，火鸡越来越胖，仍对明日充满着美好的幻想，直到感恩节前夕，农夫过来扭断了它的脖子，火鸡的满足感才被彻底粉碎。这个故事中的火鸡在著名哲学家大卫·休谟（David Hume）那里被认定为归纳主义难题的牺牲品：从严格的逻辑观点来看，基于观察到的经验规律去预测未来事件或者推出一般性法则，是不可接受的。

设想有种高智商动物，比如叫"反思主义者火鸡"，代替"归纳主义者火鸡",那么这只聪明的火鸡就有可能理解农夫的逻辑,不再仅仅关注用餐时间,而是明白自己只会在有限的时期内被喂食。换句话说,系统性的视角有助于让它了解当前面临的困境,预测其命运,甚至有可能警告它的那些归纳主义者伙伴们。

人类囿于相似的困境。在这颗星球上,以往资源富足的事实并不意味着将来会一直如此,人类需要像反思主义者火鸡那样,对世界体系作非线性理解,抛弃基于过去推断未来的归纳主义者的习惯。

一、"马尔萨斯幽灵"是否再现?

人口问题由来已久,争论不休,主要涉及人口的规模、结构、迁移及其对资源环境的影响。人,既是经济社会发展的主体,也是经济社会发展所要服务的对象——要让所有人都过上美好幸福的生活。就此而言,人既是财富生产的组织者、参与者和创造者,也是产品和服务的消费者,同时还是资源消耗者和污染排放者。

关于人口问题的研究,就不得不提及马尔萨斯及其人口理论。托马斯·罗伯特·马尔萨斯(Thomas Robert Malthus),英国教士、人口学家、经济学家,以其人口理论而闻名于世。他在《人口原理》(1798)中指出,人口按几何级数增长而生活资源只能按算术级数增长,不可避免地会出现饥荒、战争和疾病。因此,他呼吁采取果断措施,遏制人口出生率。

今天来看,马尔萨斯的人口理论被证明是错误的,但也有其合理之处,它指出了增长极限的问题,即人口增长及其带来的资源与环境影响会威胁经济社会发展的可持续性。

马尔萨斯提出,人口规模不可能持续保持指数型增长。他认为,粮食产量呈线性增长，无法满足呈指数形式增长的人口规模。因此，马尔萨斯预言，人口过剩的周期循环会导致各种形式的社会、政治和经济灾难。如果假定食物增长为线性而人口增长呈不规律指数态势的话，从逻辑上来讲，马尔萨斯应该是对的。

但事后来看，马尔萨斯的观点确实有误。他的第一个核心假设是粮食产量不可能出现指数型增长，但历史发展证明这是错误的。从 19 世纪开始，农业生产率因工业投入品（如化肥和机械）的使用而大大提高了。幸亏有了此类投入品的大量供应，粮食生产才能养活持续增加的人口。现代主义者对新型农业基础设施赞赏有加，并将其称为"绿色革命"，然而，若从长期生态学的角度来看，农业产业化是有问题的，因为它容许世界人口规模暂时超过地球长期承载能力。化肥和机械主要依赖化石燃料，即依赖有限的资源基础，而且从历史周期的时间尺度来看，这些资源基础得不到补充。马尔萨斯的第二个核心假设是人口呈指数型增长，这在当时是基本正确的，但今天看来就未必如此了。尽管世界总人口在 2050 年之前有望继续增加 25% ~ 35%，截至 2100 年可能还会再增长 10%，但世界上很多地区的人口规模已经开始下降了，所以世界人口过剩问题或将有所缓解。马尔萨斯关于人口过剩周期的观点之所以没有得到历史证实，还有一个原因：过去 200 多年中，全球人口流动和国际贸易的空间范围都迅速拓展，参照坐标从地区层面延伸到国家层面，然后到国际层面。早期欧洲人前往美洲新大陆和西伯利亚等人口相对稀少的地区，主要是为了获取原材料和开拓商品销售市场。近年来，全球贸易和发展援助也产生了类似的影响，促进了发展中国家的人口增长。虽然从规范分析的角度来看，人们对殖民掠夺、贸易和发展援助这两种机制的态度迥异，不过若从地球系统和可持续发展的角度来看，这两种机制都在一定时期内扩大了世界的承载力。

即便如此，马尔萨斯人口理论仍有其合理性，因为它已经指出了一个根本性的经济增长极限或者说经济可持续性的问题。

二、经济增长究竟有无极限？

1972 年，丹尼斯·梅多斯（Dennis Meadows）带领一组研究人员在麻省理工学院改编形成了一套新的"马尔萨斯框架"，以适用于整个地球层面，并且使用了计算机驱动的系统动力学方法从整体上剖析地球系统。该研究团队在其著作《增长的极限》（*The Limits to Growth*）及后续相关研究中，强有力地向世人说明，在有限的世界中不可能长期实现指数型经济增长。

梅多斯和他的同事们发现：从短期来看，世界人口、资源消费及环境污染等各类参数可以持续增长，似乎不会受到自然界的限制和约束，直到系统反馈（systemic feedback）开始生效。但从长期来看，一旦资源消耗或环境污染超过了自然界的极限，那么，工业社会的突然衰退甚至崩溃将成为地球系统恢复均衡的唯一方式。在暂时性地超越地球承载力和最终崩溃之间之所以会出现延迟，是因为一些人为因素（如资源损耗、温室气体排放）和系统效应（如能源短缺、气候变化）之间存在时间滞后性。这便是对指数型经济增长、超越地球承载力及崩溃过程的系统性诊断。不过，需要强调的是，梅多斯和他的同事们并没有预测具体何时会是世界末日。他们模拟了基准情景，并称之为"标准运行"（standard run），发现地球承载力① 会在 2020—2050 年开始出现系统性崩溃。标准运行的最终结果就是，截至 2100 年，世界人口规模会缩减至 1960 年的水平。听起来令人很诧异，这意味着在当前人口规模的基础上再减少 20 多亿人。不过，人口减少并不仅仅是因为饥荒，也会受到其他因素的影响，如出生率降低、流行病扩散、医疗保健制度失灵

---

① 也就是既定技术和经济发展水平所能承载的、可在地球上持续生活的最大人口数量。

造成的预期寿命下降等，这通常需要经历几代人的时间。

《增长的极限》推测出来的世界末日模型似乎并没有那么糟糕，但《生态足迹地图》（*Ecological Footprint Atlas*）显示的结果却着实很难让人高兴得起来。据其 2010 年版本，若要维持当前的物质消费水平，还需要至少1.5 个地球。要想实现农业产业化，并节约使用化石燃料，同时还要养活当前世界的 80 多亿人口，几乎是不可能的。工业投入品越来越少，人口压力与日俱增，再加上气候变化的负面影响，全球粮食生产可能很容易失控。

在特定时期内，工业社会完全有可能过度发展并超越地球承载力。不过从长期来看，没有任何人不敷出的社会还能够继续存活。从地球中大肆采掘资源以维持自身的生产方式和生活方式，这种做法无法从根本上解决可持续性问题，地球承载力的提升也只是暂时性的。

拥护经济增长极限论的零增长学派认为，为了解决或者至少为了缓和生态危机，我们需要改变生活方式。对此，大卫·皮尔斯（David Pearce）明确反对。皮尔斯认为，国民生产总值（Gross National Product, GNP）是对人类福利的主要贡献者，如果不能保持 GNP 持续增长，结果就会出现大规模的贫困和失业，这将加剧不平等，引发大量社会问题。经济增长究竟能否解决经济、社会和环境问题？尽管 20 世纪下半叶世界上许多国家和地区的经济持续高速增长，但贫穷、失业和贫富不均问题仍然存在，某些地区甚至更加严重。正如约翰·肯尼斯·加尔布雷斯（John Kenneth Galbraith）所言，自第二次世界大战以来，美国的环境和社会问题变得越发糟糕，同时也发生了快速的经济增长。英国 1982—1989 年经济增长势头迅猛，但它未能填平不同收入阶层之间的鸿沟。皮尔斯宣称，对世界上绝大多数人口而言，GNP 与人类福利息息相关的同时，却忽略了这个事实——GNP 也是环境恶化的症结所在。100 多年前，约翰·斯图尔特·穆勒（John Stuart Mill，又译为约翰·斯图尔特·密尔）写到，经济增长解决不了人类难题，不仅如此，他指出，持续的增长，包括经济增长在内的所有类型的增长，都是违背自然法则的，终将趋于停滞。肯尼斯·鲍尔丁（Kenneth Boulding）这个宇宙飞船经济学的创立者、不屈不挠的经济学家，批评他的同行们是冷血的、丧失理智的经济增长学派。莱斯特·布朗（Lester Brown）断定，因循守旧只会给人类带来严重的经济崩溃、社会不稳定和苦难。尽管皮尔斯与他的同事们不赞成"一任其旧，处之泰然"，但他们坚持认为，采取一定程度改革行动的经济增长是必要的，这些改革行动应包括减少物资使用、削减各种浪费现象、避免物种多样性的损失。

可持续发展的重要目的之一是解决发展中国家的大众贫困化问题。皮尔斯指出，在绝不背弃永续增长的原则下改善环境行为，西方国家应发挥带头作用，以便发展中国家发展起来，减轻贫困。1989 年在伦敦召开的拯救臭氧层世界大会吸引了 120 多个国家参加。在会上，西方发达国家那些倡导持续推动经济增长的与会者和发展中国家代表之间的观点并不一致。例如，中国代表指出，目前还没有面临充分暴露的氯氟碳化合物（Chlorofluorocarbons, CFCs）污染问题，该污染从根本上说是西方三十年滥用环境的产物，但发展中国家的居民可能比发达国家的居民遭受更多痛苦，因此发展中国家有必要获得补偿。印度代表认为，对于让发展中国家将其 CFCs 的使用维持在低于西方国家 100 倍水平以下的要求，西方有必要从道德义务上加以考虑。印度代表还指出，在发展中国家，要求跨国化学企业承担一切是不可能的，为此，他敦促成立一个基金会，以帮助发展中国家找到替代性物品，重建其制冷工业，而且这不应当被视为慈善事业，因为它符合"污染者付费"的原则。

永久持续的经济增长或许与环境改善并不兼容，即便这种经济增长方式可以设法节约使用能源和水资源，同时避免森林砍伐，并推广无氟应用技术。例如，荷兰于20世纪60—70年代实现了农业大发展，但同时造成了严重的水体和土壤污染，导致该国长期成为欧洲无机硝酸盐类化肥和动物排泄物污染最严重的国家之一。因此，20世纪80年代早期，农业污染一直是荷兰政治领域争论不休的问题。直到1984年，荷兰国会限制在现有农场基础上再增加农业活动，并严格控制家禽业、乳业和粮食生产部门的农业投资项目。

三、技术乐观主义者靠谱吗？

我们可以把经济增长极限论的拥护者称为"新马尔萨斯主义者"，他们普遍认为，存在不可逾越的地球极限。这些极限，不仅涉及马尔萨斯本人所确信的粮食生产和人口增长，而且还涉及工业文明和经济增长的可持续性，对新马尔萨斯主义者而言，这些增长的极限是人类无法回避的困境。

但有些技术乐观主义者坚信，技术进步可保证物质永远丰裕，人类的聪明才智总会推动经济社会长期发展，从过去到未来都是如此。当然，他们通常也会借助一些颇有雄心壮志的声明佐证其论点的合理性。例如，1985年1月，美国总统罗纳德·里根（Ronald Reagan）在其第二个任期开始的就职演说中提到，当人们可以自由地追随他们的梦想时，增长和人类的进步就没有极限。目前看来，如果我们刺穿这种妄想的迷雾，并且正视人类正在面临的实际难题，显然新马尔萨斯主义者更有道理，在有限的地球上不可能实现无限的增长。

每个历史学家都知道，任何特定形式的人类社会都是暂时性的，工业社会亦不例外。它也会消失，就像所有人都必然会死亡一样。如果没有奇迹性的技术突破，如核聚变技术或其他一些"天外救星"，工业社会将随着化石燃料这类有限资源的耗尽而消失。道理简单明了：在这个世界上，物质资源有限，环境槽（environmental sinks）在吸收排放的同时又不严重破坏自然生态系统和人类社会的能力也非常有限，而当前工业社会的资源开采强度和污染物排放强度太高，不可持续。一旦关键资源耗尽，世界人口就不可能再继续增长。依据当前的物质消费和污染物排放水平，从长期来看，即便经济不增长，也是不可持续的。众所周知，工业社会的存在与发展以经济增长为前提，一旦出现经济萧条，便会步履维艰。如果没有增长预期，金融市场会出问题，也不可能再有可持续投资。既然只有增长才能使债务人连本带息偿还贷款，那么，就很难有投资者会在没有增长预期的情况下愿意借钱投资。

为便于讨论，假定世界经济产出每年持续增长 3%，这意味着全球国内生产总值（Gross Domestic Product, GDP）大约会在 23 年内翻倍，46 年内增加到当前水平的 4 倍。[①] 同时这也意味着，假定其他条件保持不变，再过100 年，资源消耗和污染物排放量将会增加 16 倍以上。[②] 这样的增长显然不是可持续的。有人可能会说，通过提高效率和其他形式的技术进步可以降低资源消耗和污染物排放量。同样，为了便于讨论，不妨大胆假定资源消耗和污染物排放量可以降低 50%。即便如此，在以上的情境中，100 年后，全球资源消耗和污染物排放也会增加 8 倍。回到上述假设，若要让世界经济在资源消耗和污染物排放量不增加的情况下每年增长 3% 并持续 100 年，那么，资源消耗和污染物排放强度（每单位 GDP 所消耗的资源和污染物排放量）需要降低多少呢？答案是——令人震惊的 94.8%！如果在此基础上想再减少资源消耗和污染物排放量，那么资源消耗和污染物排放强度需要降低的幅度会更惊人。这样的技术奇迹从理论上可以设想，但在实践中怎么可能发生呢？的确，过去技术效率曾大幅提高，但能如此简单地顺推到未来吗？

---

① 这个结果是使用"70 规则"计算得出：要想估算某个变量多少年才能翻番，就用数字 70 除以该变量的年度增长率。

② 每 23 年就会翻 1 倍，100 年要比 4 个 23 年还多。

对于技术进步，我们既要充分肯定，又要保持谨慎乐观。一方面，以三次工业革命为代表的技术进步，大幅提升了生产效率，推动了经济持续增长，养活了不断增加的人口。目前，以"互联网+"和"工业4.0"为背景的新技术革命正在进行中，各种新技术、新工艺、新产品、新材料、新业态、新平台不断涌现。另一方面，科技进步需要长期积累和匠人精神，绝非一朝一夕之功，更不能异想天开，期待迅速实现类似大规模移民火星、海水淡化等技术突破，是背离现实的。

四、本书篇章结构及主要观点

除本章外，本书还有七章。第二章至第五章是认知篇，聚焦"认知可持续发展"，主要回答"什么是可持续发展"及"为何要可持续发展"的问题。第六章至第八章是践行篇，聚焦"践行可持续发展"，主要回答"怎样推动可持续发展"的问题，探讨各方如何群策群力，共同实现可持续发展目标。

第二章名为"长乐未央：可持续的内涵与外延"，全面解读"可持续"的概念。无论在什么情形下，无论如何解读，"可持续"都应被视为"崩溃"的反义词，它表示能够长期存在、经受住冲击且有韧性的事物，意味着不会出现生态系统、经济系统或社会系统的解体。"可持续"的概念起源可追溯到300多年以前，主要产生并应用于林业、农业和渔业的早期发展实践。18—19世纪，马尔萨斯、大卫·李嘉图（David Ricardo）、约翰·穆勒等经济学家和哲学家的著作，都以自然承载力有限为前提，通常被认为是最早系统研究有限世界中经济增长生态限制问题的理论成果，也是可持续问题研究的早期理论来源。但总体来看，新古典经济理论及相关政策很大程度上忽略了自然界对经济增长所施加的约束。直到20世纪60年代绿色运动开始以后，以鲍尔丁、乔治·斯蒂格勒（George Stigler）、赫曼·戴利（Herman

Daly)①等为代表的经济学家才将自然、环境及可持续（至少间接地）重新纳入经济议题。蕾切尔·卡逊（Rachel Carson）夫人的著作《寂静的春天》影响深远。罗马俱乐部的报告《增长的极限》将资源问题置于发达国家环境辩论的焦点。于是，1972 年联合国在瑞典斯德哥尔摩召开了第一届人类环境会议，通过了《人类环境行动计划》，成立了联合国环境规划署（United Nations Environment Programme, UNEP）。从事可持续研究的学者大多主张，只有统筹考虑经济社会发展的不同维度，才能实现可持续。关于可持续维度的数量及其重要性，虽有不同观点，但总体来看，可分为"单维"模式和"多维"模式。在单维模式下，若多个维度之间出现冲突，则生态维度往往被赋予基本优先权，经济和社会维度被视作生态环境恶化的原因和影响，但其重要性不与生态维度等同。在多维模式下，可持续涉及的维度数量有别，从 2 到 8 个不等，但这些不同维度都同等重要。最常见的多维模式由 3 个维度组成，即经济、社会和生态。可持续按其属性的强弱程度可分为弱可持续与强可持续两种。当然，也有更细致的进一步分类，例如将其划分为弱可持续、中等可持续、强可持续、绝对强可持续 4 种。

第三章名为"临危自醒：从可持续到可持续发展"，详细梳理可持续发展的由来。尽管早期中外都产生了朴素的生态意识，19 世纪 70 年代美国也建立了全球首个国家公园——黄石国家公园，但人类对现代工业文明的反思却始于 20 世纪 60 年代。随着一系列污染事件不断爆发，西方世界率先发起绿色运动，唤醒了人们的环保意识，环保议题逐渐上升到国际层面，联合国于 1972 年在瑞典斯德哥尔摩召开第一届人类环境会议，首次将环境问题纳入世界各国政府和国际政治议题，共同探寻新型发展道路。1983 年，联合国通过决议，成立世界环境与发展委员会（World Commission on Environment

---

① 赫曼·戴利，生于 1938 年，美国马里兰大学教授，1988—1994 年任世界银行环境发展部的高级经济学家，他是最早提出经济增长存有生态限制的学者之一，也是可持续发展管理规则的发起者。

and Development, WCED），由挪威首相布伦特兰担任主席。WCED 于 1987 年发布了一份名为《我们共同的未来》的报告（又称《布伦特兰报告》）并经联合国大会讨论通过。《布伦特兰报告》提出了被各界普遍引用的可持续发展的概念——既能满足当代人的需求，又不损害子孙后代满足自身需求能力的发展。可持续发展随后成为 1992 年联合国环境与发展大会的主要议题并被各国普遍接受。2015 年 9 月，联合国 193 个成员国一致审议通过了《变革我们的世界：2030 年可持续发展议程》，可持续发展已成为全球发展战略。

第四章名为"鸿业远图：从千年发展目标（MDGs）到可持续发展目标（SDGs）"，重点介绍联合国层面组织商定的重要发展目标，以指导各国可持续发展领域的政策与行动。全球可持续发展是宏伟的事业和远大的志向。但究竟什么样的发展才既能满足当代人的需求，同时又不损害子孙后代满足自身需求能力？具体要从经济、社会、环境三大维度的哪些方面着手呢？为此，需要制定一套科学合理、清晰可行、全球广泛认可的目标，以便更好指导各国政策与行动。本章首先介绍国际发展目标和千年发展目标，其次梳理可持续发展目标的酝酿和产生过程，最后分析可持续发展目标及其指标体系的特点。

第五章名为"乘时乘势：可持续发展面临的挑战和机遇"。距离《变革我们的世界：2030 年可持续发展议程》设定的各项可持续发展目标完成期限只有不到 10 年的时间了。在这样的关键时刻，有必要审视全球可持续发展成效，识别挑战并发现机遇，使各国各界坚定信心，乘时乘势，采取有效政策措施，走可持续发展之路，让这个蓝色星球的明天依然可期。本章主要依据《2022 年可持续发展报告——从危机到可持续发展：SDGs 目标作为面向 2030 及未来的全球发展路线图》和《2022 年可持续发展目标报告》，逐一剖析 17 大类可持续发展目标的进展。

第六章名为"和衷共济：助力可持续发展"。践行可持续发展需要和衷共济、勠力同心，因为可持续发展与所有行为主体都息息相关，它的最终目标是实现可持续，为子孙后代留下过上美好幸福生活的机会。那么，企业和居民，分别作为财富的主要创造者和使用者，应该在践行可持续发展方面扮演什么角色？学校需要怎样普及推广可持续发展教育（Education for Sustainable Development, ESD）和可持续教育（Education in Sustainability, EiS）？虽然可持续发展涉及的行为主体众多，涵盖国际社会、各国政府、社会组织、企业、居民、学校等，但本章重点探讨企业、居民和学校这三类主体在践行可持续发展方面的角色分工与功能定位。

第七章名为"目量意营：可持续发展绩效测度"，重点剖析哪些指标体系能更好测度可持续发展绩效，以便及时把控进展、识别问题、纠正错误、优化政策。种豆得豆，种瓜得瓜。你在意什么，你就会测度什么，进而易于得到什么。设计一套科学合理的指标体系以量化测度各类目标及其进展是非常重要的，因为科学合理且可量化的指标更易于指导实践。可持续关乎人类和非人类福祉长期依赖自然界的事实，关乎永远为子孙后代保留过好幸福美好生活的机会。虽然联合国 193 个会员国为可持续发展设定了 2030 年前要实现的 17 大类、169 小类的可持续发展目标，但可持续发展的最终目标是要确保实现可持续，长期维护人类福祉。因此，有无科学合理且可量化的指标能够测度可持续发展绩效呢？GDP 自 20 世纪以来，受到各界广泛关注并被视为衡量经济活动的晴雨表，甚至被错误地用以衡量一切，包括人类福祉。GDP 因其存在固有的缺陷而无法衡量人类福祉，当然也不能精准测度可持续发展绩效。过去半个多世纪，学者们针对 GDP 存在的缺陷进行了大量探索，开发出一系列旨在补充或替代 GDP 的指标，如人类发展指数（Human Development Index, HDI）、经济福利测量（Measure of Economic Welfare, MEW）、中国绿色发展指数（China Green Development Index, CGDI）、社会进步指数（Social Progress Index, SPI）等。在这些指标当中，真实进步指标（Genuine Progress Indicator, GPI）有其突出的特点和优点，涵盖经济、社会、环境三大维度，符合可持续发展理念和要求，能够更好测度可持续发展绩效。本章首先从 GDP 及其局限性开始说起，然后概述一系列旨在补充或替代 GDP 的指标，重点介绍 MEW、绿色 GDP、HDI、CGDI、SPI 这五个指标，最后详细分析 GPI。

第八章名为"日新月异：可持续发展在中国"。中国古代就有朴素的生态文明思想，"人法地，地法天，天法道，道法自然"，倡导天人合一。人与自然和谐共生的理念是中华文明传统价值观的重要组成部分。中国人口众多，人均资源相对不足，就业压力大，生态环境问题突出，因而非常重视可持续发展。中国参加了可持续发展理念形成和发展过程中具有里程碑意义的瑞典斯德哥尔摩联合国人类环境会议（1972 年）、巴西里约热内卢联合国环境与发展大会（1992 年）、南非约翰内斯堡可持续发展世界首脑会议（2002 年）三次大会，是最早提出并实施可持续发展战略的国家之一。中国共产党第二十次全国代表大会明确提出"中国式现代化是人与自然和谐共生的现代化"。本章首先梳理中国积极参加可持续发展相关国际会议并将其上升为国家战略的历史过程，然后详细介绍中国在国家层面为推动落实《2030 年可持续发展议程》所采取的行动及可持续发展目标的进展情况，最后基于 GPI 剖析中国地区可持续发展绩效。

参考文献

1. 林永生 . 环境经济理论、政策与实践 [M]. 北京：中国环境出版集团，2023.

2. 马尔萨斯 . 人口原理 [M]. 丁伟，译 . 兰州：敦煌文艺出版社，2007.

3. Brown, Lester. State of the world[M]. London: Earthscan Publications,

1990.

4. Friedrichs, Jörg. The future is not what it used to be: climate change and energy scarcity[M]. Cambridge, MA: The MIT Press, 2013.

5. Jackson, Tim. Prosperity without growth: economics for a finite planet[M]. London: Earthscan Publications, 2009.

6. Meadows, Donella H., Meadows, Dennis L., Randers, Jøergen, et al. The Limits to growth: a report for the club of Rome's project on the predicament of mankind[M]. New York: Universe Books, 1972.

7. Meadows, Donella H., Meadows, Dennis L., Randers, Jøergen, et al. Beyond the limits: confronting global collapse, envisioning a sustainable future[M]. Chelsea: Chelsea Green, 1992.

8. Meadows, Donella H., Meadows, Dennis L., Randers, Jøergen, et al. Limits to growth: the 30-year update[M]. Chelsea: Chelsea Green, 2004.

9. Pearce, David. Blueprint 3: measuring sustainable development[M]. London: Earthscan Publications, 1994.

10. Victor, Peter A. Managing without growth: slower by design, not disaster[M]. Cheltenham: Edward Elgar, 2008.

第二章
长乐未央：可持续的内涵与外延

　　《牛津英语大辞典》对"可持续的"（sustainable）一词给出如下两层含义：一是指以不损害环境的方式使用自然产品和能源；二是指可长期存在的事物。因此，作为"可持续的"的名词形式，"可持续"（sustainability）就有其内涵和外延。可持续的内涵是指一种可长期存在的属性，外延则是指具备这种属性的所有事物。对应《牛津英语大辞典》给出的两层含义，可持续的外延也可分"狭义可持续"和"广义可持续"两类。狭义可持续主要是指环境可持续，强调要保护好整个自然生态系统，进而使所有人类和非人类生物赖以生存的这颗蓝色星球可以长期存在。广义可持续除了包括环境可持续，还包括经济可持续、社会可持续，以及其他所有可以长期存在的事物。美国学者瑞达尔·卡伦（Randall Curren）和艾伦·米茨格（Ellen Metzger）把可持续界定为一种"人类和非人类福祉长期依赖于自然界的事实"，认为可持续思想的本质就是要"永远保留享受美好生活的机会"。①

　　本章首先从狭义可持续（环境可持续）的角度系统梳理可持续的概念演化，其次分别剖析可持续的属性区别（强可持续、弱可持续）和维度划分（经济可持续、社会可持续、环境可持续等），最后探讨可持续的伦理要求。

---

① ［美］瑞达尔·卡伦、艾伦·米茨格：《踵事增华：可持续的理论解释与案例举要》，关成华译，12～13页，北京，北京师范大学出版社，2021。

一、概念演化

为便于更好理解可持续及可持续发展的概念，有必要先介绍一些基本的专有名词。

第一是资源、资产、资本和股份。资源的含义很宽泛，有多种分类，如自然资源和非自然资源，若不加特殊说明，本书提及的"资源"都指代自然资源。自然资源也有多种分类，最流行的一种分类是可再生资源和不可再生资源（或称可耗竭资源）。一旦资源被附加了社会属性，如所有权，它就变成了资产。以渔业资源为例，在有些国家和地区，女性无法获得渔船许可证，不能上船捕鱼，因而只能在岸边从事鱼类加工和销售等工作。同样地，以自然矿产资源为例，谁可以开采？可以开采多少？怎么使用？使用多少？涉及这些问题的规则又由谁来制定？回答这些问题就需要对资源的产权属性进行明确的界定。资本强调的是资产的动态性质，是指能够持续创造收入流的资产，也可以说是用于投资的资产。股份是资本的一种实现形式，例如，个体首先将资产投给公司变成资本，然后公司将投资人的资本折算成股份，无论公司上市与否，都对投资人按股份分红。

第二是自然资本及其具体分类。生态经济学者罗伯特·科斯塔兹（Robert Costanza）与赫曼·戴利将自然资本定义为未来可以产生一系列价值（或称自然收入）的自然资产。例如，树木或鱼群每年都可以产生相当规模的新树木或新鱼群。他们进一步又把自然资本分为两类，一类是活跃且能够自我维持的可再生自然资本（Renewable Natural Capital, RNC），另一类是不活跃或说被动的不可再生自然资本（Non-renewable Natural Capital, NNC）。生态系统就属于在有限范围内能够自我维持且不断更新的可再生自然资本。生态系统的服务功能包括支持、供应和调节功能，如维持地球的养分循环，维持土壤肥力，供应食品、燃料和淡水，调节气候和洪水。生态系统提供的这些服务能够产生可提取的资源或食物。化石类碳氢化合物和矿产资源则属于被动的、不能提供任何可提取服务的不可再生自然资本。

第三是生态足迹、生态承载力、生态盈余和生态赤字。生态足迹的概念由加拿大大不列颠哥伦比亚大学规划与资源生态学教授威廉·E.里斯（William E. Rees）于20世纪90年代初提出。该指标用于衡量在现有技术条件下，指定人口规模（个人、城市、地区、国家或全球）为生产所需资源及吸纳产生的废弃物，所需具备生物生产力的陆地和水域面积。生态足迹通过测定人类为维持自身生存而利用自然的量来评估人类对生态系统的影响。生态承载力（又称生态容量）是指在某一特定环境条件下（主要指生存空间、营养物质、阳光等生态因子的组合）某种个体存在数量的最高极限。当一个地区的生态承载力小于生态足迹时，就会出现生态赤字（又称生态超载），其大小等于生态承载力减去生态足迹的数值。反之，当生态承载力大于生态足迹时，则产生生态盈余，其大小等于生态承载力减去生态足迹的差数。生态赤字的出现表明该地区的人类负荷超过了其生态容量，要满足其人口在现有生活水平下的消费需求，该地区要么从其他地区进口欠缺的资源以平衡生态足迹，要么通过消耗自然资本来弥补收入供给流量的不足。这两种情况都说明地区发展模式处于相对不可持续的状态，其不可持续的程度可以用生态赤字来衡量。

第四是更新世（Pleistocene）、全新世（Holocene）和人类世（Anthropocene）。更新世、全新世与人类世都是源自地质学的概念。自260万年前至今是第四纪，第四纪又分为两个部分，一个是更新世，一个是全新世。更新世指的是从260万年前到一万多年前的地质年代，而全新世从大约一万年前开始，一直持续至今。在地质学家看来，人类生活的地质时期是第四纪中的全新世。与其他动辄百万年甚至千万年的地质时代跨度相比，全新世似乎是一个刚刚开始的地质时期。诺贝尔化学奖得主保罗·克鲁岑（Paul Crutzen）却认为，人类已不再处于全新世，而是到了一个与更新世、全新世并列的地质学新纪元——人类世时代。他指出，自18世纪晚期的英国工业革命开始，人与自然的相互作用加剧，人类成为影响环境演化的重要力量，尤其在过去的一个世纪，城市化的速度增加了10倍。更为可怕的是，几代人正把经过几百万年演变形成的化石燃料消耗殆尽。人类世概括的正是从这一时期开始的地质变化，其特征是从南极冰层捕获的大气中二氧化碳和甲烷浓度升高。克鲁岑认为，人类活动对地球系统造成的各种影响将在很长的一段时期内继续存在，未来甚至在5万年内人类仍然会是主要的地质推动力，因此，有必要从人类世这个全新的角度来研究地球系统，重视人类已经对地球系统产生的巨大影响，以及还将产生的影响。人类世的概念被提出以后很快得到了许多科学家的响应和认同，但同时也不乏批判的声音。

　　第五是地球边界（Planetary Boundaries）。地球边界是近年来在环境领域引起巨大轰动的概念。自工业革命以来，人类经济社会发展主要是采取"先污染，后治理"的模式，即在人类各种行为产生各种污染后，环境学家评估具体污染是什么及其危害，然后警告大家要禁止这种行为，否则人类社会就会崩溃。地球边界的模式与此截然不同，它先研究地球适合人生存的边界，然后划出这条线，接着告诉人类，你们可以自由选择，但如果越过这个边界，地球究竟能否网开一面或者饶过哪个物种可就不好说了。学界普遍认为地球边界概念的提出源自环境地质学家约翰·洛克斯托姆（Johan Rockström）和威尔·斯戴芬（Will Steffen）等人2009年公开发表的学术文章。他们从环境科学的角度界定了人类需要控制哪些变量，以避免进入一个无法预知的地球环境。他们在文章中提出了包含9个变量的地球边界值，目前人类已经超过至少2个变量的临界值（见图2-1）。或许埃隆·马斯克（Elon Musk）是对的，人类应该大力投资航空及星际旅行业，走向星辰大海。

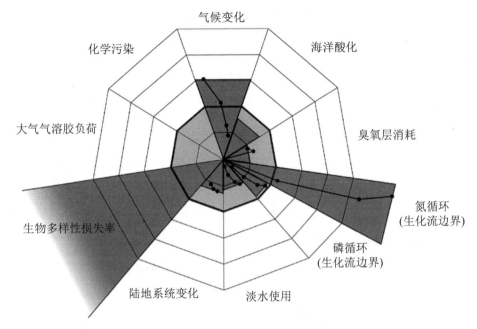

图 2-1　地球边界的控制变量及其历史演化

第六是环境保护（Environmental Conservation）与环境保存（Environmental Preservation）这两个意义相近却有着本质区别的概念。环境保护是指负责任地、有效地利用自然资源，接受公共监督，并在一定科学认知的指导下开发资源与保护环境。环境保存则主张禁止一切开发荒野地区、栖息地，以及对物种造成破坏的人类行为。

可持续的概念并不新颖，其起源可追溯到 300 多年前，主要产生并应用于林业、农业和渔业的早期发展实践。1713 年，一位名叫汉斯·卡尔·冯·卡洛维茨（Hans Carl von Carlowitz）的德国人在其著作《林业经济学》（*Sylvicultura Oeconomica*）中最早提出了可持续的概念。他坚称，可持续林业是采矿业及相关行业长期顺利发展的关键，只有在砍伐和种植树木之间达到平衡，才能满足取暖、建筑、酿造、采矿和冶炼活动对树木的需求。

卡洛维茨呼吁对森林进行"长期、稳定和可持续利用"。可持续森林管理的原则是，在一年内砍伐的树木数量要等于补充或再生的树木数量，从而使森林得到长期维护和管理。卡洛维茨的可持续原则将经济标准（如确保个体企业或生计持续存在的最大木材产量）和生态标准（如保护特定生态系统）统一起来。当然，基于经济学知识，也可从资本的利息（林业木材的年增长量）而不是资本本身（林业木材蓄积量）的角度来理解可持续。在冯·图恩（von Thünen）与马丁·弗斯特曼（Martin Faustmann）的著作中都出现了可持续管理的概念。弗斯特曼试图识别森林的最佳砍伐年龄，以实现利润的长期最大化。他做出了这样的推理：为获得最大利益，森林资产需要无限期持续下去。因此他主张在被砍伐的区域重新种植树木。后来，著名经济学家保罗·萨缪尔森（Paul Samuelson）在看完弗斯特曼的著作后指出，哈罗德·霍特林（Harold Hotelling）、肯尼思·鲍尔丁等经济学家在分析森林管理时，因采用与多循环相反的单循环解决办法而犯下了错误。值得注意的是，弗斯特曼的著作中已经隐含了关于代际问题的考虑。因为森林的孕育期比较漫长，所以在每次砍伐后重新栽植树木，不仅可使我们的后代继承对他们有益的资产，而且也可使他们的后代受益。

阿瑟·扬（Arthur Young）在其环英国群岛的旅行中，观察到公有农业向私有化转变带来的产量持续增加现象，这给他留下了深刻的印象。在旧体制中，大规模开发的土地是由当地社区集体共同耕种的。圈地运动导致了个体农业的产生，每个农民能从他投入到土地上的艰辛劳动中获得充分的利益，也可以自由地试验新的耕种方法，而他们从前多是被迫遵循传统的集体耕作技术。因此，圈地运动导致农业生产力持续改进。

20世纪50年代，可持续的概念以"最大可持续产量"的形式被引入渔业之中，强调根据鱼类的种群和规模，创造条件，以获得最大的捕鱼量。

例如，H. 斯科特·戈登（H. Scott Gordon）、安东尼·斯科特（Anthony Scott）等学者认为，渔业部门要运用"最大可持续产量"的概念来确定最佳捕获量。

18 世纪中叶，第一批将自然作为生产要素（从资源或土地的角度）的经济分析已经开始出现。大约 50 年后，李嘉图和马尔萨斯等重要经济学家的著作，以及 19 世纪中叶哲学家穆勒的著作，都是以自然承载力有限为前提的。如今，这些作品通常被认为是可持续问题研究的早期理论来源。然而，这项工作当时很少受到关注，因为在那个时代，国家范围内的环境问题基本不属于政治或社会议题，更不用说全球范围内的环境问题了。从 18 世纪末工业革命至 20 世纪中叶，对大多数人来说，发展主要与经济和社会问题有关。生存及改善工作条件的问题比我们今天所说的环境问题更加紧迫。此外，农业和食品工业中的新方法、新技术大大改善了粮食供应状况，人口数量基本保持稳定，甚至出现了缓慢的增长。马尔萨斯的悲观论断受到较少关注，甚至被认为已经过时了。可以说，新古典经济理论及相关政策在很大程度上并没有把自然作为生产过程分析的一个因素，或说故意忽略了自然界对经济增长所施加的约束。

直到 20 世纪 60 年代绿色运动兴起以后，以鲍尔丁、斯蒂格勒、戴利等为代表的经济学家才将自然、环境，以及可持续（至少间接地）重新纳入经济议题。蕾切尔·卡逊夫人的著作《寂静的春天》影响深远，报告《增长的极限》则将资源问题置于发达国家环境辩论的焦点，提出了令人震惊且被媒体广泛报道的预测：在资源密集型增长政策下，地球生命支持系统将难以为继，在大多数模拟情景下，世界人口和生活水平最终都将显著下降（见图 2-2）。

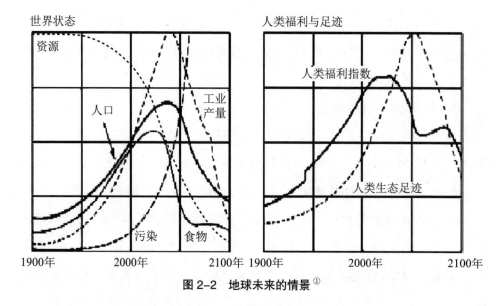

图 2-2　地球未来的情景 [①]

　　根据麻省理工学院团队用计算机模型模拟的情景，首先，预期的不可再生资源开采技术的进步可能会推迟其开采成本上升的起始时间。然而，环境污染水平大幅上升，甚至超出了前文所述图 2-1 所示的地球边界。其次，土地生产力下降，需要在农业振兴方面进行巨额投资。最后，由于食物短缺及环境污染对健康的负面影响，全球人口将减少。

　　《增长的极限》对社会生产资料和生活方式、经济增长和资源的可用性或完整性之间的关系展开了广泛而深刻的讨论。正是在这份报告出版之后，斯堪的纳维亚地区的国家和美国提议由联合国启动环境保护议程。

　　于是，1972 年联合国在瑞典斯德哥尔摩召开了第一届人类环境会议。当时，北半球国家（主要是发达国家）主要围绕限制工业污染和保护环境的措施达成协议，以预防环境灾难。相比之下，南半球国家（主要是发展中国家和不发达国家）的优先事项清单上则主要包括消除贫困、建立教育和职业培

　　① Donella Meadows, Dennis Meadows, Jørgen Randers, et al., *The limits to growth: the 30-year update*, London, Earthscan, 2005; Harald Heinrichs, Pim Martens, Gerd Michelson, et al., *Sustainability Science: an introduction*, Berlin, Springer, 2016, p.8.

训体系、获得清洁水和医疗保障，简而言之，主要是社会和经济发展问题。这是"环境"与"发展"两大目标之间在联合国层面的第一次利益冲突。南半球国家希望通过加速工业化来摆脱落后的状况，虽然这些国家也承认环境问题不可避免，但认为可留待以后再处理。

尽管存在分歧，斯德哥尔摩会议还是恢复了南北之间的友好关系。发达国家成功说服了发展中国家和不发达国家，鉴于干旱、洪水和卫生条件不足也是环境问题，环境保护和发展之间不存在根本矛盾。正是在这场讨论中，"贫困是最大的污染源"这一观点被提出，这就使得发展中国家和不发达国家能够在不对其发展目标做出妥协的情况下参与环境保护。此外，如果不考虑社会和经济维度，就无法解决1972年会议上各方都普遍承认的环境问题（如雨林破坏或海洋污染）。本次大会通过的《人类环境行动计划》内容包括收集环境数据，开展环境研究，进行环境监测和信息交流，签署关于环境保护和有效利用资源的协议，建立环境行政和管理机构，实施公众教育、培训和信息计划等方面。为更好实施《人类环境行动计划》，大会根据决议成立了联合国环境规划署，总部设在肯尼亚内罗毕。

斯德哥尔摩会议之后，联合国环境规划署陆续创造出了一些新的、从环境和社会维度均可接受的发展路径，如生态发展（eco-development）路径和可持续生计（sustainable livelihood）路径。生态发展路径最初主要是为发展中国家及不发达国家的广大农村地区设计的，然而其理论框架具有进一步拓展的潜力，可用于重新定义增长与繁荣。这种发展路径的核心内容包括：（1）使用一国的自有资源来满足基本需求，避免模仿工业化国家的消费模式；（2）构建一种满足型社会生态，涵盖就业、社会安全及对其他文化的尊重；（3）能够预先考虑子孙后代的利益；（4）采取措施以提高资源使用效率并加强环境保护；（5）让利益相关方都参与其中；（6）大力推广相关教育项目。可持续生计的概念最初主要被用于讨论发展中国家及不发达国家的环境与妇女运动发展问题，它强调要重视本地的生活条件、生计安全及广大妇女的日常经验。生计是指生存的基础，也就是谋生所需的能力、财产（包括物质资源和社会资源）及所有相关活动。在这种发展路径下，人们要在当地条件下为了谋生竭尽所能，换言之，生存经济或自给自足型经济极其重要。

1974 年，联合国贸易与发展会议（United Nations Conference on Trade and Development, UNCTAD）与联合国环境规划署在墨西哥城市科科约克联合举行会议并发布了声明——《科科约克宣言》。这份宣言及 1975 年达格 - 哈马斯基德基金会发布的报告《现在怎么办》（*What Now*）都在阐述欠发展问题的同时又明确提出了"过度发展"问题。发展中国家和不发达国家强调，人类基本需求必须得到满足，以应对与贫困有关的人口过剩和环境破坏问题，而富裕国家则呼吁减少对自然资源的开采和环境的破坏。在这种情况下，无论是国际还是国家层面都普遍认为，权力和财富的重新分配是解决环境与发展问题的关键。

1977 年，阿根廷巴里洛切基金会发表了一份报告，名为《贫困的极限》。这份报告采取了更为激进的立场，明确否定了增长存在极限的观点。简而言之，正在接近极限的不是经济增长，而是发达国家的消费。因此，该报告呼吁这些国家应该限制消费，并将由此节约的资源提供给发展中国家和不发达国家。依据该报告，经济增长不一定会导致环境污染加剧，关键是要从北向南展开技术转移，以便解决发展和环境问题。尽管如此，当时全球环境状况仍然持续恶化，在随后的国际会议及相关讨论中，生态环境问题愈益得到重视。

乌里奇·格洛波（Ulrich Grober）在 2012 年的著作《可持续：一部文化历史》（*Sustainability: a Cultural History*）中详细介绍了人们对可持续的理解。他首先提出如下问题：什么是可持续的？ 1809 年，亚历山大·冯·洪堡（Alexander von Humboldt）的老师约·亨·坎帕（Joachim Heinrich Campe）把"nachhalt"①定义为"可长期存在的事物"。这听起来让人感觉很欣慰，就像来自遥远过去的某个漂流瓶中的一条讯息，瓶子中还有一条来自罗马俱乐部 1972 年发布的报告《增长的极限》中的讯息："我们正在寻找一种满足以下两个条件进而代表世界体系的模式，一是可持续，不会突然且不可控地崩溃，二是能够满足所有人的基本物质需要。"由此可知，无论哪种情形，"可持续"都是"崩溃"的反义词。它意味着长期存在、能够经受冲击、有韧性，而且不会出现生态系统、经济系统或社会系统的解体。我们也由此可知，可持续关乎人类最基本的安全需要。

二、维度划分

从事可持续研究的学者大多主张，只有统筹考虑人类经济社会发展的不同维度，才能实现可持续。关于可持续维度的数量及其重要性，虽有不同观点，但总体来看，可分为单维模式和多维模式。

在单维模式下，若多个维度之间出现冲突，则生态维度往往被赋予基本优先权，经济和社会维度并不被视作与生态同等重要的维度。德国联邦环境署曾举例论证生态维度优先的必要性。他们认为，生态为经济和社会提供了赖以发展的框架，因此，生态系统的承载能力必须被视为所有人类活动不可逾越的极限。德国环境咨询委员会在其 2002 年的报告中建议将生态维度置于首位，认为与实现经济和社会目标相比，环境保护的影响更为深远。

在多维模式下，可持续涉及的维度数量有别，但各个维度通常同等重

---

① 德语 nachhaltig 的词根，意思是"可持续的"。

要。最常见的多维模式是由三个维度组成，即经济、社会和生态。德国联邦议会关于保护人类和环境的恩奎特委员会将这种三维模式引入了德国的可持续政策讨论范畴。该委员会建议，可持续政策应该被理解为一种社会政策，包括经济、社会和生态三个维度，它们同样重要。可持续的主要目标是维持和改善这三个维度的水平，三者相互依存，不能偏重一方。一方面，只有在作为生命基础的自然界不受威胁的情况下，经济发展和社会福祉才有可能实现。另一方面，如果社会和经济问题占主导地位，生态目标就很难实现。当其他领域的问题更直接、更具体或更致命，进而对政治行动而言更紧迫、更具吸引力时，生态主导型的可持续政策通常会在社会决策过程中败北，所以，只有当一项政策同时整合了经济、社会和生态三个维度，才能克服分析的局限性。

在可持续研究领域，除经济、社会、生态这三个维度外，文化等其他维度也常被讨论。文化是人类在特定时期、特定区域通过他们与环境之间的互动所创造的东西，它既包括语言、宗教、伦理、法律、技术、科学、艺术，也包括个人及社会的生活方式和行为方式。因此，文化可以被理解为价值观、世界观、规范和传统，这些价值观、世界观、规范和传统塑造了人类利用自然资源、进行社会互动及生产和消费的方式。反思可持续伦理价值的过程，主要是一项文化任务。人人都需要养成可持续的生活方式。因此，构造可持续的文化，就可根植于这个角度。鉴于"可持续"概念本身，我们的生活方式、价值体系、教育体系等，都要作为可持续的文化维度被严格评估，并在必要时做出改变。

表 2-1 列出了可持续的四维模式及其要求，从中我们可以发现，经济、社会、生态维度都面临着不可持续的风险。

表 2-1　可持续的四维模式

经济维度	生态维度
关怀经济；循环经济；物质流管理；环境管理系统；环境友好型技术创新；生态设计；反映生态和社会成本的价格；污染者付费原则；区域性和地方性的营销网络；公平贸易	有效利用资源；自然规律（再生、"适时"）；生物多样性；生态生命周期系统；可再生能源；谨慎原则；避免生态系统退化（减少各类污染物排放量）
社会维度	文化维度
促进人类健康；平等享有资源使用权利和发展权；代内公平；代际公平；民众广泛参与各个领域	道德检验；可持续的生活方式；全面认识自然；拥护可持续发展；传统知识；物质文化；消费意识；地方社区；国际交流；全球责任；世界性文化

专栏 2.1　主要以房地产业为支撑的经济增长模式不可持续 [①]

20 世纪 90 年代中后期，中国启动住房商品化改革，开始发展房地产业。其初衷是把房地产业作为一种刺激消费、应对国内严峻经济形势的临时性举措，而并非支撑经济增长的支柱产业。1998 年，中国发生严重的洪涝灾害，为积极扩大内需，刺激消费，政府接连推出并深化住房商品化、教育产业化、医疗卫生市场化三项主要改革。长期以来，中国居民储蓄率偏高而边际消费倾向很低，这是一种基于文化、收入等多种因素综合形成的习惯，要想在短期内切实让居民增加消费，只能从人们需求最迫切的住房、教育、医疗三个领域寻找突破口。

房地产业并非支柱产业，以房地产业拉动经济的模式不可持续。

第一，从中国房地产业与其他产业之间的关联度来看，它并非支柱产业。有些人认为房地产业是支柱产业，因为对于拥有超过 13 亿人口的大市场而言，房地产业可从上游拉动钢铁、建材、水泥，可从下游拉

---

① 参见林永生 2010 年发表于搜狐财经与《环球时报》的两篇文章《住房过度商品化暗含三大风险》《房地产业并非支柱产业》。

动家用电器、家纺、家具、装饰等产业。但实际上此结论适用于任何供应链、价值链较长的产业，包括几乎所有的能源产业、化工产业、交通运输产业、信息通信产业。

第二，从房地产业与宏观经济绩效之间的关系来看，它并非支柱产业。房地产市场繁荣是经济发展的结果，而不是原因。没有人会相信，一个国家或地区仅仅通过简单地买卖土地和房子就可以实现经济腾飞。大到一个国家，小到一个城市，如果经济发展很快，就业和创业的机会很多，就拥有了竞争力，进而能够凝聚更大范围的资金、技术和人才，房地产市场才会因此繁荣。

社会和生态维度面临的主要风险有三类：第一类风险是生态环境威胁，如海平面上升导致的沿海栖息地退缩。第二类风险是社会的结构化过程，即当社会所处的生态无法提供相应的物质和能源流时，可能导致社会的衰败和崩溃。第三类风险是社会的合法性危机。合法性是指一种能力，使社会成员辨别公正、持续尊重规范，并且愿意通过合作来履行重要职责。早在2000多年以前，古希腊思想家柏拉图（Plato）就发现，如果经济运行规则允许通过剥削部分人来促进其他人财富的无限增长，这类风险就会发生。当社会中的大部分成员认为社会契约不公平并且选择不服从的时候，社会合法性危机就发生了。[①]

自20世纪90年代以来，世界自然基金会（World Wide Fund for Nature, WWF）每两年发布一次《生命星球报告》（*Living Planet Report*），动态跟踪并总结基于科学分析调查的地球健康状况评估，主要评估三个重要指

---

① ［美］瑞达尔·卡伦、艾伦·米茨格：《踵事增华：可持续的理论解释与案例举要》，关成华译，46～49页，北京，北京师范大学出版社，2021。

标——生态足迹、水足迹和地球生命力指数（Living Planet Index, LPI）[1]。依据《2018年生命星球报告》，包括哺乳动物、禽类、爬行动物、两栖动物和鱼类在内全球脊椎动物数量在1970—2014年平均减少了60%。坦桑尼亚的大象数量自2009年以来减少了60%，加纳的灰鹦鹉自1992年以来减少了98%。对动物而言，最大的威胁是栖息地的退化和减少，以及人类的过度开发。只有四分之一的地球陆地面积未受到人类活动影响，按当前发展趋势，到2050年，这一比例可能降至10%。

2005年《千年生态系统评估》的主笔沃特·瑞德（Walter Reid）在访谈中也强调了地方及区域生态系统已经崩溃的事实。他指出，人类正在对地球的自然恢复功能施加压力，使得地球生态系统维持后代生存的能力难以得到保证。由于气候变化异常，冰川和含水层中的化石水逐渐耗尽，这让水供应问题成为气候变化给人类带来的最大挑战。美国大平原的奥加拉蓄水层正在逐渐耗尽，印度、中国及其他国家和地区的许多蓄水层也出现了类似情况。

专栏2.2　下一次雾霾离我们还有多远？[2]

随着困扰我国部分地区的雾霾天气逐渐消散，大家终于松了一口气，但是下一次的雾霾又会离我们有多远呢？央广记者在调查中发现，雾霾天气影响的重灾区与我国重化工业分布具有较强的相关性，也就是说转变生产方式、优化产业结构已经迫在眉睫。作为中国绿色发展报告课题组专家，林永生长期研究环境与发展的课题。雾霾天气发生后，林永生和研究人员把中央气象台发布的雾霾天气分布图与国内重化工产能分布图相对比，发现一个显著现象。在北京的周边，重化工业密集，钢

---

[1]　地球生命力指数，有时也被称作生命地球指数或生命行星指数，是衡量地球生态系统健康状况的一种指数。

[2]　参见2013年1月《新闻联播》深度报道《下一次雾霾离我们多远？》与2022年央视新闻大型纪录片《这十年》第三集《美丽的中国》。

铁、建材、火电、医药化工等产业分布继续扩展的趋势没有停止。不只是在河北，在这次雾霾天气中，山东济南是另一个重灾区。2012年下半年市场回暖，济南的钢铁、水泥等行业产能迅速提升，周边空气中的污染物排放急剧增加。

百姓感受到的是空气质量在变化，而数据显示的是，我们国家钢铁产量和水泥产量接连攀升，生产的增加就意味着消费更多的能源，排放更多的污染物，而高耗能、高污染的钢铁、水泥、电解铝等产业投资还在不断加快。2012年高耗能产业投资延续了2011年年初以来的加速增长态势，头10个月就累计同比增长了21.7%，较上年同期加快了3.4%。

不仅如此，我国以燃煤为主的能源结构也给环境带来巨大压力。我国煤炭在能源中占近70%，非化石能源只占8%，而煤炭消耗还在继续增长。2011年我国煤炭消费量年增长7%，全年煤炭消费总量占世界煤炭消费量的40%以上。这样的能源消费也导致空气中烟粉尘被大量排放。仅以京津冀为例，北京每年燃煤量为2000多万吨，而天津达到了7000万吨，河北更是高达2亿多吨。

在雾霾天气发生后，北京、河北、天津、山东等地都采取了积极有效的措施予以应对，但是从长远来看，让雾霾远离我们，根本上还是要从转变生产方式、优化产业结构、调整能源结构上下大力气。

三、属性区别

可持续，按其属性的强弱程度可分为弱可持续与强可持续，当然，也有更细的分类，如划分为弱可持续、中等可持续、强可持续、绝对强可持续四种（见表2-2）。

表 2-2　可持续的属性划分 [①]

属性特征	弱可持续	中等可持续	强可持续	绝对强可持续
资本总量	平衡	平衡	平衡或增长	平衡或增长
资本替代性	自然资本可由人造资本替代	人造资本对自然资本的替代在一定限度内可行，但替代不是无限度的	大多数自然资本是不可替代的	自然资本不可由人造资本替代
资本构成	无要求	不能超过自然资本损耗的临界水平	自然资本和人造资本必须分别保持平衡或增长	任何资本均不能被消耗，不可再生资源绝对不能使用，可再生资源只能使用净增长的部分
属性	较弱	一般	较强	最强
可实践性	可实践性较强	因难以界定临界水平，所以几乎无可实践性	可实践性一般。只要资源存量减少获得的收入能够投资于同类资源，存量的减少是被允许的	无可实践性，可作为其他可持续性解释的一种参考标准

资本可分为许多不同类型：（1）自然资本，主要指自然资源，如水、空气等；（2）人造资本（又叫制造资本），如机器、设备、厂房、基础设施等；（3）人造自然资本，如森林、种植园、驯养动物等；（4）社会资本，如道德观念、制度；（5）人力资本，主要指个人专业知识，如教育、技能等。（6）知识资本，如非个人专业性、可存储的、可检索的知识。

弱可持续原则意味着前几代人使用的资源量不应该妨碍后代人至少实现同样福利水平的资源量。这个原则的含义之一是，不应该降低资本存量（自然资本加上人造资本）的价值。总资本中每个组成部分的价值可以降低，只

[①]　关成华、陈超凡等：《可持续发展教育：理论、实践与评估》，31～33页，北京，教育科学出版社，2022。

要其他组成部分增加的价值（一般通过投资）足以使总资本价值保持不变。换言之，在弱可持续原则下，人造资本可以替代自然资本。

如前所述，弱可持续意味着自然资本可以被其他类型的资本替代，例如，用公园替代森林，用游泳池替代天然湖泊。这里隐含的假设是，资本存量的物理组成并不重要，重要的是资本总量。可以说，弱可持续与新古典效用理论息息相关，而新古典效用理论并不关注效用的具体产生过程，通常使用效应无差异曲线来表示居民的效应水平或说满意度，构成效应的各组成要素（主要是各种消费品）之间可完全替代。

弱可持续原则是对 1972 年罗马俱乐部第一份报告《增长的极限》的回应。1974 年，可耗竭资源经济学研讨会重点讨论了有限资源约束下的经济增长问题。美国学者、2001 年诺贝尔经济学奖得主约瑟夫·尤金·斯蒂格利茨（Joseph Eugene Stiglitz）在会上指出了罗马俱乐部研究中未曾提及的三个方面——技术变革、人造生产要素（人力资本）和规模效益，进而质疑《增长的极限》这份报告结论的准确性。当时参会的学者也普遍认同，这三个因素在一定程度上可以抵消自然资源对经济增长所施加的限制。

弱可持续原则在理论、政策和实践领域都有应用。人们常用其来判断是否可以通过人造资本或金融资本的增加来弥补自然资本的损耗，最终避免资本总量下降。

资源与环境经济学家约翰·哈特维克（John Hartwick）于 1977 年提出了著名的哈特维克准则（Hartwick Rule）：把从开采可耗竭资源所获得的利润或租金投资到可以重置的资本，如机械设备，且投资的量恰好等于所获利润，这时如果人口规模不变，那么未来的人均消费将保持恒定。其含义在于，自然资本和人造资本可以等量替换，从而保持总资本的恒定，继而保持总产出不变，最终在人口不变的前提下确保人均消费恒定。哈特维克准则是一种理论方法，用以识别一项资源配置（支出方式）是否可持续，主要通过检查本金价值跨期发生的变化来实现。如果本金减少，则资源配置是不可持续的，如果本金增加或者保持不变，则资源配置是可持续的。如何把哈特维克准则应用于环境领域？哈特维克认为，当代人被赋予了禀赋，这些禀赋主要是由自然资源（也称为自然资本）与人造资本（如建筑物、设备、学校、道路之类）构成的。禀赋的可持续使用意味着人们应该保持本金（禀赋价值）的完整性，只消耗禀赋的服务流。换言之，人类不应该砍伐所有的树木、用尽所有的石油，让后代自谋生路，而应该维持总资本存量的价值。

瑙鲁一直努力用金融资本（信托基金）代替自然资本（磷酸盐），坚守弱可持续原则，以维持总资本存量的价值。瑙鲁是一个很小的太平洋岛国，位于澳大利亚东北方向约 3000 千米处，蕴藏着丰富的磷酸盐矿石资源。磷酸盐是化肥的主要成分。一个世纪以来，殖民者和独立后的瑙鲁人相继决定开采储量丰富的磷酸盐矿石。这一决定虽使当地居民富裕起来（瑙鲁政府创立了一个约有 10 亿美元的信托基金），却也破坏了当地的生态系统。目前，当地物资主要依靠进口，资金来源于磷酸盐的销售收入。不管瑙鲁人民的选择是否明智，这种做法难以在全球范围内推广。

加拿大于 1976 年建立了一项特殊基金——阿尔伯塔遗产储蓄信托基金，该基金的资金来源是石油和天然气开采权利金的 30%。该基金 2011 年增长了 8.2%，截至 2012 年 3 月底，这项基金已超过 160 亿美元。[①]

当美国阿拉斯加州输油管线建设接近竣工时，为了保护后代人的利益，阿拉斯加州选民通过了一个宪法修正案，授权成立阿拉斯加州永久基金。该基金的目的是从阿拉斯加州石油销售收入中取出一部分与后代人共享。修正案要求如下：至少把 25% 的矿产租金、特许权使用费、专营税、联邦矿产收入分享金及州政府得到的红利划入永久基金。基金的本金仅能被用作增加收入的投资，没有阿拉斯加州多数选民的同意，不能用基金本金支付开销。

---

① 洪银兴主编：《现代经济学大典（上卷）》，790～791页，北京，经济科学出版社，2016。

该基金的收益来源于债券利息、股票红利、房地产租金和资产销售的资本收益。立法机构将年收入中的一部分以红利的方式发放给符合条件的每一位阿拉斯加州居民，其余用于扩大本金规模。尽管阿拉斯加州永久基金确实为后代保留了一部分收益，但仍有两个特征值得关注：（1）如果选民多数同意，本金可用于支付当前的费用。虽然迄今还没发生，但选民已经对此有所讨论了。（2）基金仅划入了 25% 的收益，这种分配显然不符合哈特维克准则。假设收益反映的是稀缺租金，应该将 100% 的收益划入基金，因为当代人不仅获得了该永久基金的经营收入，还获得了石油销售收入的 75%。

在经济学的发展过程中，一直存在一个问题，就是源于自然的生产要素不断减少。近年来，经济学理论越来越承认自然资本及其复杂性。然而，由于自然资本的各个组成部分相互关联，很难对其再作更进一步、更精确的描述。因此，很多清单上列出的不同类型的自然资本项目会有所重叠。事实上，不可能建立一个界限清晰、明确独特的自然资本要素清单。相反，自然资本往往与"自然的资源基础""自然的生命基础""生态系统容量""生态系统稳定性""生物多样性""等意义相近的综合性术语混合使用，本书不再细作区分。

在评论《布伦特兰报告》时，美国学者、1987 年诺贝尔经济学奖得主罗伯特·索洛（Robert Solow）也对可持续给出了他自己的定义：可持续是一种义务，我们有义务引导自己，让我们的后代有选择或能力过上像我们现在这样富裕的生活。在随后的分析中，索洛认为没有必要保护自然中的某些元素。留给后代的资本存量由累积的实物资本和自然资本组成，随着时间的推移，这两种资本通常是可互换的，当然，主要是实物资本取代了自然资本。我们的孩子，以及孩子的孩子都能保持相同的消费水平。

2001 年，斯代尔（Steurer）把这种"数量增长范式"称为"弱可持续"。可以这样说，其他领域那些认同弱可持续并将其视为增长约束问题解决方案的学者，与新古典经济学家类似，重点关注的是技术进步或技术解决方案。根据哈特维克准则，弱可持续成立的关键假设之一就是技术进步导致自然资源可被替代。这就是"技术乐观主义"术语产生的背景。但事实上，人们往往并不知道能否适时地产生这些解决方案。

强可持续原则意味着保持自然资本存量价值不下降。在自然资本和人造资本有限替代可能性的假设下，该原则特别强调了对自然资本（而不是总资本）的保护。该定义延续了对保存价值（而不是物质流的具体水平）和保存自然资本总量（而不是任何具体组成部分）的关注。换言之，在强可持续原则下，人造资本不能完全替代自然资本。

强可持续的倡导者认为，人力资本和自然资本是互补的，而且，只能在非常有限的范围内互换。有些学者主张自然资本各个组成要素（如气候、景观、生物多样性）的数量应该尽可能保持不变。其隐含假设是，人类生存依赖自然的生态功能，同时这些生态功能又是不可替代的。不过对于特定类型的资本而言，替代品是存在的。例如，某些森林面积损失可通过在另一个地区重新造林来弥补，或者通过投资生产可再生能源来替代石油。与此同时，环境容量（environmental space）这一概念试图让强可持续原则更具操作性。环境容量是指人们在自然环境中使用资源基础及其吸收功能，即"汇"（sink），同时不会对自然环境造成不可逆转的破坏。

强可持续原则主要是由生态经济学家提出的，与新古典经济学家所倡导的弱可持续原则正好相反，生态经济学家普遍反对替代原则。戴利是生态经济学的重要倡导者之一，他针对静止状态最先提出了"稳态经济"的概念。其他经济学家也提过关于静止状态的想法，例如，亚当·斯密（Adam Smith）曾写过一篇关于静止状态的文章，但他认为这种静止状态将导致贫困，只有增长才能保证繁荣。然而，马尔萨斯、马克思、穆勒、熊彼特和凯恩斯等经济学家与斯密的观点不同，他们认为确实存在一种静止状态，而且这种状态是可取的。

稳态方法主要是由戴利提出和推动的，他受穆勒的启发，用两条热力学定律证明了数量增长范式的极限，在此过程中，他引用了乔治斯库 - 罗根（Georgescu-Roegen）的主张，更多地将科学知识纳入经济学。

无论是企业还是家庭，其目标都是实现多种活动状态的最优化。如果其他活动使得最优水平被突破，则可能导致边际成本大于边际收益，戴利把这种状态称为"不经济"。随着越来越多的自然资源（绿色流）被用来生产有形商品（褐色流），"当我们扩大褐色流时，绿色流就减少了"，戴利认为，这就代表了"不经济"的增长。为了更详细地说明这一点，有必要分别研究增长的成本和收益，当增长的边际成本等于边际收益时，即当一个经济体达到其最佳规模时，就达到了经济增长的极限。这时，假设资本存量保持在一个恒定水平，如果就业人数保持不变，不经济状态就可以实现。不经济状态要求人口也保持不变，这意味着新出生和移入居民的数量要与死亡和移出居民的数量相等。

在稳态经济体系下，有形商品的持续供应足以让民众享有"美好生活"。然而，这种状态尚未得到充分证明，新古典主义经济学家以宏观经济效应问题为由，对此提出了批评意见：一个没有增长的经济体势必会对劳动力市场、财富分配、金融部门、商业和税收体系产生影响，而这些反过来又会影响国家预算。

四、伦理要求

可持续这一概念受到一定的伦理要求和道德约束，涉及公平正义原则。德国环境咨询委员会在其 1994 年的年度报告中从伦理角度阐述了可持续概念，将可持续定义为"智慧与责任的统一"，并提出了三个伦理要素：人类对自然的责任、人类对社会的责任、人类对自身的责任。

人类对自然的责任包括两个方面：一方面是要尊重自然，保护自然；另一方面是要确保人类生命的自然基础。面对持续不断的生态环境危机，德国环境咨询委员会强调解决环境伦理问题的紧迫性，指出所有社会系统与自然系统的密切相关性。

除了强调人类对自然的责任，德国环境咨询委员会还进一步将社会接受度或社会适宜性作为可持续的标准。人类对社会的责任，既包括对自己所处的社会群体或整个社会的责任，也包括对后代的责任。

人类对自身的责任是个体作为自由人的基本目标。这也意味着，国家有义务保障公民的个人自治权，并且公正公平地维护人类生存的自然基础。

美国学者瑞达尔·卡伦与艾伦·米茨格进一步深入开展了可持续伦理问题的研究。他们把"可持续伦理"定义为"与人类每个领域活动都息息相关的伦理"，因为这些人类活动都关乎自然系统是否有能力在将来提供至少和当前一样好的生活机会。这也意味着，可持续伦理涵盖了普遍存在的个人伦理（personal ethics）、社会伦理（social ethics）和政治正义（political justice）。个人伦理涵盖所有个体在任何时间与地点的行为，社会伦理涉及各种机构的行为准则、行为方式及公民在其中所扮演的角色，政治正义则涉及公民与政府之间的责任。可持续伦理并不像商业伦理那样只局限于某个具体活动领域，也不像环境伦理那样只关心非人类自然世界的价值。可持续伦理与环境伦理又有交叉重叠的部分，可持续伦理涉及与环境伦理有关问题，但并非所有环境伦理问题都是可持续问题。环境伦理主要关注环境保护成本和收益的公平分配，但实际上，偶尔不公平的分配却有助于保留未来过好生活的机会，从这个意义上来看，不公平地分配环境保护成本和收益反而有助于实现可持续。

瑞达尔和艾伦两位学者认为，要想符合可持续伦理：首先，要有对理性个体的普遍尊重。尊重他人，不伤害他人，是任何社会道德规范的基本责任，因此，那些减少过好生活的机会，以及伤害他人利益的行为，显然都与可持续精神背道而驰。其次，要坚持五条原则。（1）注意确保人类整体实践行为符合生态可持续要求。（2）注意确保人类整体实践行为的物质需求不超过自然系统的潜在供应能力。（3）寻求有利于可持续的公平合作条款。所有主体有义务联合协商达成公平的合作条款，进而以一种集体可持续的方式生活。（4）不要妨碍可持续领域的信息公开与合作。（5）不要让个体或集体产生有害依赖，具体而言，不要让任何人过分依赖危险的、脆弱的系统或资源。最后，个体要培养一些美德，这样便能对某些情形下与伦理有关的各种因素比较敏感，并形成良好的判断力。

可持续或可持续发展究竟有无伦理基础？特纳（Turner）和皮尔斯等学者认为其有坚实的伦理基础，因为它建立在关爱他人的基础上，即关心作为后代的那些人。可持续发展需要集体行动，使尚未出生的各代人可以继承不低于当代人福利标准的环境。因此，可持续发展是为了人类长远利益而要求长期公正使用自然资源的一种代际契约。

诸多关于可持续或可持续发展的定义，都以关注子孙后代的利益为基础，强调代际公平。从这个意义上说，这些定义给各代人都加上了道德义务。这里再给出其他几个关注后代的可持续发展的定义：罗伯特·利佩托（Robert Reppetto）认为，可持续发展是为了实现财富和福利的长期可持续增加，而对一切资产、自然资源和人力资源，包括金融和实物资产等实施管理的战略。瑞奥丹（O'Riordan）认为，从最纯粹的意义上讲，可持续包含对伦理规范的信奉，这些规范包括维持生物的生存，维护后代人的权利，并使这些激励作为的制度得以延续下去。文朋尼（Winpenny）认为，可持续发展旨在让人们在特定时期内完整无缺地保留包括自然资源在内的总资产，我们应当把当前享受到的、蕴藏着潜在福利机会的资本等量传给我们的后代。汤姆·蒂坦伯格（Tom Tietenberg）认为，根据可持续原则，一切资源应该以尊重后代需求的方式被使用。

弗朗西斯·培根（Francis Bacon）指出，人们必定会热衷于追求现世事物，而把未来交给上天处理。可是，在他生活的时代不曾有诸如温室效应、臭氧层破坏、酸雨及核废料和不可再生资源迅速消耗等环境问题。因此，围绕可持续发展的争论，本质上是因环境问题而凸显出来关于后代权利的争论。斯密生活的时代也与今天大为不同。斯密自由市场学说的一些追随者坚持认为，可持续问题最好留给"看不见的手"去解决。如果某些资源由于耗竭而变得稀缺，那么其价格就会升高，这将促使使用者开发或利用更加便宜的替代品。1974年，索洛认为，任何一种自然资源必定会有其替代物，因此，不存在资源耗竭的问题，伴随着科学技术的发展而来的经济增长，将会消灭人们对自然资源耗竭的恐惧。

正如皮尔斯所言，自由市场学说的追随者无法回避的问题在于，受威胁的资源往往是没有市场化的资源，如大气、臭氧层和海洋等。阿瑟·庇古（Arthur Pigou）是坚定捍卫后代利益、反对当代人不断将损害转嫁给后代的经济学家之一。根据他的观点，低估后代需求从而使供应不足，是人性中的一个自私成分。鼠目寸光的个体时常搬起石头砸自己的脚。不仅如此，一旦他们处理有关别人的事务，比方说后代权利时，常常因肆无忌惮而造成更大更严重的伤害性后果。庇古区分了两种类型的资本，即自然资本和人造资本。他认为，对前者应该有节制地加以利用，给后代留下充足的剩余，依赖个体参与者鼠目寸光式的决策，不可能实现这一点。因此，政府必须行动起来。

总之，可持续关乎人们今天和明天如何生活，以及什么样的未来是可取的。这种表述涉及环境伦理及人类自身与自然和社会之间的关系，而人类自身与自然和社会之间的关系在很大程度上又受到社会参与者的利益、价值观及其伦理态度的影响。需要再次强调的是，伦理问题只能在社会决策过程中得以确定。

参考文献

1. Daly, Herman. Uneconomic growth in theory and in fact//The first annual Feasta Lecture[C]. Trinity College, Dublin, 26th April, 1999.

2. Daly, Herman. Toward a steady-state economy[M]. San Francisco: W.H. Freeman, 1973.

3. Georgescu-Roegen, Nicholas. The entropy law and the economic process[M]. Cambridge: Harvard University Press, 1971.

4. Kant, Immanuel. Grounding for the metaphysics of morals[M]. Indianapolis: Hackett, 1981.

5. O' Riordan, Tim. The politics of sustainability//Turner, R. K. Sustainable development management[M]. London: Belhaven Press, 1988.

6. Pearce, David. Blueprint 3: measuring sustainable development[M]. London: Earthscan Publications, 1993.

7. Pigou, Arthur Cecil. Wealth and welfare[M]. London: Macmillan, 1912.

8. Pearce, D., Markandya, A., Barbier, Edward. Sustainable development: economics and environment in the third world[M]. Aldershot: Edward Edgar, 1990.

9. Pearce, David and Turner, Kerry. Economics of natural resources and the environment[M]. Baltimore: Johns Hopkins University Press, 1990.

10. Pigou, Arthur Cecil. Income[M]. London: Macmillan, 1920.

11. Rockström, Johan, et al. Planetary boundaries: exploring the safe operating space for humanity[J]. Ecology and Society, 2009, 14(2).

12. Repetto, Robert. World enough and time[M]. New Haven: Yale University Press, 1986.

13. Smith, Adam. An inquiry into the nature and causes of the wealth of nations[M]. London: W. Strahan & T. Cadell, 1776.

14. Solow, Robert M. Intergenerational equity and exhaustible resources[J]. The Review of Economic Studies, 1974(41).

15. Turner, Kerry and Pearce, David. Sustainable economic development: economic and ethical principles//Barbier, E. Economics and ecology from frontiers and sustainable development[M]. London: Chapman & Hall, 1993.

16. Tietenberg, Thomas H. Environmental and natural resource economics[M]. New York: Harper Collins, 1992.

17. Thünen, Johann Heinrich von. Isolated state[M]. London:Pergamon Press, 1966.

18. Ulrich, Grober. Sustainability: a cultural history[M]. Cambridge: Green Books, 2012.

19. Winpenny, James Thomas. Values for the environment: a guide to economic appraisal[M]. London: H.M.S.O., 1991.

20. Young, Arthur. General view of agriculture of Hertfordshire[M]. Exeter: David & Charles, 1971.

第三章
临危自醒：从可持续到可持续发展

尽管早期中外均有不少朴素的、倡导保护自然的生态环保意识，美国甚至在 19 世纪 70 年代就建立了全球首个国家公园——黄石国家公园，但人类对现代工业文明的反思和全球环保运动的兴起则始于 20 世纪 60 年代。1972 年，联合国在瑞典斯德哥尔摩召开了第一届人类环境会议，首次将环境问题纳入世界各国政府和国际政治议题，共同探寻人类新型发展道路。1983 年，联合国通过决议，成立世界环境与发展委员会（World Commission on Environment and Development, WCED），由挪威首相布伦特兰担任主席。WCED 于 1987 年发布了一份名为《我们共同的未来》的报告（又称《布伦特兰报告》），该报告经联合国大会讨论通过，提出了被各界广泛引用的可持续发展概念——既能满足当代人的需求，又不损害子孙后代满足自身需求能力的发展。可持续发展随后成为 1992 年联合国环境与发展大会的主要议题并被各国普遍接受。2015 年 9 月，联合国 193 个成员国一致审议通过了《变革我们的世界：2030 年可持续发展议程》，可持续发展已成为全球发展战略。

本章首先介绍早期中外环保思想，以及绿色运动兴起的背景、过程和意义，然后梳理可持续发展概念的历史演化，最后概述联合国层面与可持续发展相关的重要机构和会议，借以阐释可持续发展如何成为全球性发展战略。

一、早期中外生态环保思想

我国早期很多著名思想家都怀有朴素的保护自然、天人合一的思想。《论语·述而》中记述"子钓而不纲，弋不射宿"。老子在《道德经》中说"人法地，地法天，天法道，道法自然"。吕不韦主持编写的《吕氏春秋》，警醒世人"竭泽而渔，岂不获得？而明年无鱼"。《逸周书》告诫人们"禹之禁，春三月，山林不登斧斤"。这些都体现了中国古人朴素的自然保护思想。若将这些思想认识置于当时特定的历史环境中，可以发现，封建社会以农业生产为主要经济形态，科学技术水平比较落后，农民靠天吃饭。因此，古人对土地及自然怀有敬畏之心，倡导尊重自然，顺应自然，保护自然。

早期国外也有很多学者关注资源节约与环境保护问题。斯密在《国富论》中提出了人口要与生存资源成比例，以保持人与自然环境协调发展的思想。马尔萨斯在《人口学原理》中主张人口数量应保持在自然环境和资源承载力范围之内，只有两者和谐，社会才能进步和发展，资源的绝对稀缺不会因技术进步和社会发展而有根本改变。穆勒在《政治经济学原理》中把自然和气候条件视为经济增长的原因，首次将自然环境纳入经济学分析的视野。他认为，土地资源不仅具有生产功能，还具有为人类提供生活空间和自然景观美的功能，广阔的生活空间和美丽的自然景观是人类文明不可或缺的一部分。他进一步强调，必须将自然环境、人口规模和财富总量保持在适度且相对稳定的区间，该区间上限应显著低于自然资源的承载阈值，从而有效规避粮食危机与生态破坏风险。此外，还应为子孙后代着想，保护生态环境，以确保人类的可持续发展。以阿尔弗雷德·马歇尔（Alfred Marshall）、庇古等为代表的新古典经济学家则在经济增长的前景问题上持乐观态度，他们倾向于认为，经济能够持续不断发展，价格会对资源稀缺程度作出灵敏反应，稀缺资源成本上升会促使人们创新技术及寻找替代品，最终避免"马尔萨斯陷阱"。凯恩斯主义学派则重点关注宏观经济层面的"总量管理"和"有效需求管理",尤其是短期经济刺激政策,而不太关注可持续发展问题。自第二次世界大战结束至20世纪60年代,哈罗德-多马模型、索洛-斯旺模型等新古典经济增长理论,以及新剑桥经济增长理论和罗斯托经济成长阶段论,都未对自然资源和可持续发展问题进行深入探讨。这些理论的核心假设主要是自然资源、能源等要素能够被其他生产要素替代。

专栏 3.1 美国早期环保运动和总统参与 [1]

提及环保,人们通常首先想到政府、企业、家庭和组织,而往往疏于考虑国家最高领导人的理念和意识引领作用。事实上,国家最高领导人的环保意识至关重要。正如美国前总统弗兰克林·罗斯福曾言,"总统职位,不仅意味着行政管理,这是最起码的内容,更为关键的,它是道德引领的圣地。所有伟大的总统都是思想的领导者,特别是国家生活中某些历史性的理念必须予以阐明的时候……如果没有领导者对变革的警觉和敏感,我们就迷失了。"奥提斯 L. 格拉汉姆(Otis L. Graham)在其著作《总统与美国环境》(2015)中通过生动形象的文字,介绍了美国自本杰明·哈里森到奥巴马共计 22 位总统支持环境保护的详尽过程。本专栏主要从该书中摘取部分内容,重点介绍美国早期环保运动及哈里森总统是如何参与其中的。

美国早期环保运动始于 19 世纪后期,以部分团体呼吁林业、土地等自然资源和野生动物保护为主要内容。乔治·珀金斯在其著作《人类与自然》(1864)中就指出:"人类本质上是破坏性的力量……,砍伐森林……,打开山间的水库……,折磨土地……,残忍地对自然界中的所

---

① 参见林永生:《美国早期环保运动和总统参与——读〈总统与美国环境〉有感》,载《中国经济报告》,2016(4),有改动。

有部落发动战争或对抗。"19世纪60年代，美国内战结束以后，便开始大规模推进西部开发和国家建设。随着农场扩张和森林砍伐，很多动物栖息地发生了改变，特别是由于大规模猎杀诸多动物，如海狸、水牛、过路的鸽子、加利福尼亚的长尾小鹦鹉等，野生物种保护开始引起人们关注。这些屠杀多是出于商业动机，也有一些是出于运动者周末休闲打猎的爱好。后者最早发起了关于保护林业和野生动物的运动，他们认为需要重新植树，保护栖息地，注重可持续。早在1844年，一家叫作纽约运动俱乐部的机构告诉当地的一家报纸，其目标和宗旨就是要保护"游戏"规则。这可能是美国历史上最早的私人保护组织。但在19世纪50年代，类似组织在其他州开始陆续涌现，到了19世纪70年代，无论是国家层面还是地方层面的运动者团体和杂志数量大幅上升。历史学者约翰·瑞格曾经统计过，约有308家打猎团体和34家钓鱼团体都不同程度地向地方或州政府施压，要求执行保护法律，遵守"游戏"保护规则，植树修复栖息地。1890年，纽约市成立了一个初始规模很小但影响很大的野生动物保护组织，名叫布恩和克罗克特俱乐部（Boone and Crockett Club），西奥多·罗斯福（后来的美国总统）是该俱乐部的首任主席。西奥多·罗斯福生于美国长岛的一个地产家族，他自幼读了很多关于自然的书。他在哈佛大学时研究了自然历史，希望通过野外捕猎和农场生活治疗他的哮喘病，他也写过几本"自然书籍"。这群志同道合的人希望能够从联邦公共土地中划出一部分作为国家森林体系，对一些关键的林木资源实施保护和管理，在黄石公园模式的基础上设想建立更多的国家公园。

19世纪后期的保护主义（protectionism），是一种社会改革运动理念，呼吁人们组织起来保护自然，后来又被称为环保主义（environmentalism）。如今，其内涵也不断拓展，不仅涉及国家森林、公园和野生动物保护，也包括各级政府层面的污染治理等内容。

为何哈里森之前的美国总统和国会不太关注环境保护呢？主要原因可归结为两方面：一是无暇顾及，有更多要事亟待处理；二是当时的自然环境资源丰富，"无需"关注。

首先，若对美国早期历史有所了解，就会知道那时的总统有很多亟待处理的事情，如奴隶制度、关税、国家银行等，而不是土地和森林这类自然资源的消耗和保护问题。美国的土地中有78%属联邦所有，最初的13个州在联邦统一后不久，经讨论一致同意割让土地给联邦政府。华盛顿的领导人，无论哪个党执政，一般都是通过战争、条约或者购买的方式获取公共土地：1803年，购入路易斯安那州；通过签约获得了佛罗里达州，以及太平洋西北部的绝大部分地区；在与墨西哥战争的后期从墨西哥获得了大片土地。1867年购买了阿拉斯加的大片土地。当时很多农牧民、矿主和伐木工人迫切需要土地，因此，如何将联邦公共土地转移到这些使用者手中，就成为国会重点讨论的问题——或租，或卖，或赠送。那时的联邦政府并没有关于这些公共土地资源的长期发展规划，主要目的是寻求政治目标间的平衡，促进发展，取悦选民，增加收益。

其次，自华盛顿到哈里森期间，美国总统和国会的政策谈不上是自然资源管理，也谈不上是环境保护，其中一个重要原因就是美国早期的自然资源丰富，环境容量很大，所谓损耗和保护问题不足以引起重视。来自芝加哥的威廉·哈里森在其《去南方致富》（1888）中描述"木材供应取之不竭"。历史学家汤姆·克拉克在其抒情诗《绿化南方》（1884）中写道："1.47亿英亩的长叶松盘旋在大西洋和墨西哥湾，南至弗吉尼亚，西至得克萨斯，……40万平方英里的原始森林寂静而又令人惊叹。"

最后，在那个年代，特别是西部开发过程中，人类对未知世界和自然的探索被视为文明进步的标志，意味着美国的荒野开始变成城镇、农场和花园。美国人口大规模向西迁徙并且快速增长，西部开发伊始约有400万人，1850年增长为2300万人，1900年增长到7600万人，这些人口迁徙到太平洋甚至更遥远的地方。总之，美国早期的西部开发是一个正面且充满英雄的故事，也是美国梦的雏形。

从整个19世纪来看，以1876年为分界点，在林木资源消耗、土地、野生动物保护等问题上，主要还是一些自然保护主义者或作家们的零星抱怨，偶尔会得到地方政府的关注。但在联邦政府的层面上，如前所述，因有很多诸如奴隶制、脱离问题等更重要的事项亟待处理，所以，联邦公共土地及其他自然资源和环境保护很难成为优先选项。而这些问题之所以能够在19世纪后期进入美国总统的议事表和国会议程，主要有以下三方面原因。

一是愈益严重的森林砍伐促使公众心态发生变化，开始担忧木材短缺。19世纪后半期，美国工业木材公司大规模砍伐森林是造成公众心态发生变化的重要因素之一。1850—1910年，美国工业木材产量增长了8倍，超过人口增速的2倍还多。一方面木材需求骤增，另一方面森林覆盖率大幅下降，再加上木材工厂浪费现象严重，私人部门几乎没有重新种植，也没有长期的森林管理，人们开始担心会出现"木材荒"。

二是出现了两种关于自然资源的主流新思潮。19世纪最后10年，美国社会出现了两种关于自然资源的新思潮，势头很猛并且逐渐汇聚：一是很多名家（代表性人物是约翰·伯朗夫斯和约翰·穆勒）的小说或散文中欣赏自然的主题大受欢迎。如约翰·穆勒曾写道："现今，追求在原始自然中漫步蔚然成风。成千上万疲惫的、精神压力很大、接受过高等教育的人们开始发现，登山就是回家。原始自然是一种必需品。山脉公园和保护区是有益的，不仅是木材和灌溉河流的源泉，也是生命的源泉。"二是专业林学的兴起，基于科学知识的新学科开始对那些小到私人伐木者、大到大型工业木材公司的滥伐和鲁莽行为构成了严峻的挑战。在这两种思潮的影响下，西部地区滥用自然资源的故事通过大量杂志和报纸为公众所熟知。同时，东部地区鲁莽的开采利用，南部原始森林被大量破坏，以及人们没有兴趣重新种植等问题也引起巨大关注。国会对于发生在联邦公共土地上的这些事情非常不满。1870 年，一个由19 人组成的团体亲临黄石并提交了一份报告，认为这个地区不应被个体瓜分，而应"留下一部分作为大的国家公园"，国会就此还展开过激烈的讨论。1872 年 3 月 1 日，尤利塞斯·格兰特总统签署法律，确立了黄石为世界上第一个国家公园——220 万英亩，拥有美丽的山脉、瀑布、温泉和史无前例的多样动物群（水牛、麋鹿、狼，300 多种鸟、70 种哺乳动物、128 个蝴蝶物种）。当时国会的一些反对派被这样说服了："黄石太高了，也很冷，不适合农耕，因此也不具备经济价值，只能看看罢了，那里发现的自然奇观吸引游客。"当时没有人能够预见到这对其他公民的好处，无论是东部还是南部州，更不要说对后代的好处了。这种单列出来土地用于公共用途的做法，并不仅仅局限于西部地区。1872 年，纽约森林委员会禁止销售纽约州林地，除非有可行的替代方案。1885 年，纽约确定保护阿迪朗达克森林，这里的土地被永久作为原始森林用地，阿迪朗达克公园也是纽约市关键的水源地。1890 年 9 月，关于约塞米蒂国家公园的法案由国会通过并且由哈里森总统签署，国会收回了被滥用的财产，为约塞米蒂及其他地区的国有化扫清了障碍。

三是包括总统本人在内的知识分子和政治精英具有自然环保意识。1891 年，BCC 俱乐部主席西奥多·罗斯福利用年度晚宴的机会，邀请了华盛顿的政治精英，并做了令人振奋的演讲，提议希望"保护和维持黄石国家公园"并"重点反对授予蒙大拿州矿业铁路及其他铁路的权利"。听众包括哈里森总统新任命的内务部秘书长约翰·诺贝尔（John Noble），他同时兼战争事务部的主管和白宫发言人，地位显赫。此外，诺贝尔以前在密苏里州做律师，喜欢打猎、钓鱼及其他户外活动。他积极地回应了西奥多·罗斯福和其他俱乐部成员，这很大程度上标志着，公共土地政策已经进入政治精英的视野。

哈里森总统在就职演说中实际上主张将公共土地均分给居民使用，但19世纪后期的一系列社会改革运动、保护思潮，以及政治精英团体对总统决策产生了很大影响。新成立的美国科技进步协会（American Association for the Advancement of Science, AAAS）1890年致信哈里森总统，呼吁他支持公共森林保护。在第51届国会上，大约有200个关于林业文化和沙化土地法律的提案。其中很多提案最终既被国会通过，也被纳入了1891年综合修正法案（General Revision Act）的第24部分。这样一来，公共保护的选项就被正式列入了法律。第24部分（后来被称为森林保护法案）明确指出，美利坚的总统"随时可以预留和储备……任何部分的公共土地（全部或部分覆盖林木的）……用于公共保护"。尽管当时很多人还不太明白这次法律修正的重大意义，但其影响是极其深远的。

经历过现代工业革命的洗礼，资源能源越发稀缺，环境污染物的种类和数量越来越多，对应的治理政策工具也越来越科学，越来越先进。与早期中外思想家朴素的自然保护理念相比，新时代的公民对资源节约、污染治理、环境保护，以及更广泛意义上的可持续发展等问题有了更深入的理解。我们应以历史发展的眼光看待这些保护思想的演变。

二、绿色运动：人类环保意识觉醒

工业革命极大提升了人类社会的生产力，推动了生产效率的飞跃式增长，使经济社会发展蓬勃兴盛。但与此同时，资源和能源的消耗以及环境污染问题也随之而来（见表3-1）。20世纪60年代前后，西方工业发达国家率先发起了绿色运动，人们开始反思传统工业文明对经济社会发展的负面影响。

表 3-1　工业发达国家发生的环境灾难简表（20世纪90年代前）

年份	事件
1902 年	加勒比海东部马提尼克岛培雷火山喷发有毒气体，死亡近 3 万人
1930 年	比利时马斯河谷烟雾事件，死亡 60 余人
1948 年	美国宾夕法尼亚州多诺拉发生烟雾事件
1952 年	英国伦敦烟雾事件，发生当月死亡人数达 4000 人
1954 年	美国在太平洋比基尼岛进行代号"布拉沃"氢弹实验，受害者达 290 人
1955—1972 年	日本富山镉污染事件
1961 年	日本四日市二氧化硫烟雾事件，中毒者达 500 人
1975 年	北美成为世界上最大的酸雨降落区，该地区半数以上湖泊无鱼
1989 年	美国埃克森石油公司发生在阿拉斯加的原油污染事件，6 个月内 3.3 万只海鸟死亡

资料来源：李晓西，《绿色文明——可持续发展的人类共识与全球合作》，北京，科学出版社，2021，第 41 ～ 42 页。

如表 3-1 所示，20 世纪 90 年代之前，工业发达国家经历多次环境灾难。当时公众对环境污染问题的认识尚不充分，对工业生产排放的烟雾是否以及如何危害人体健康仍不明确。1975 年，北美酸雨问题引起了广泛关注，该地区半数以上湖泊没有鱼类生存。1989 年，埃克森公司发生了著名的埃克森·瓦尔迪兹号油轮泄漏事故，导致大量海洋生物死亡。1962 年，美国海洋生物学家蕾切尔·卡逊出版了著作《寂静的春天》，详述现代农药造成的环境危害并提出了防治策略。这是一本具有划时代意义和开创意义的著作，影响深远。美国前副总统艾尔·戈尔（Al Gore）受其启发，积极致力于环保事业，并推动美国于1970年成立了世界上第一个国家级环境保护机构——美国环境保护署（Environmental Protection Agency, EPA）。随后，一系列环保民间组织相继成立，为环境保护事业做出了重要贡献。

在《寂静的春天》中，蕾切尔·卡逊夫人为我们描述了这样一幅画面："春天来了，唱歌的鸟儿却不见了踪影，路边的不知名的野花野草无精打采，家养的鸡有的不再生蛋，生出的蛋也孵不出小鸡，猪变得病快快的，小猪生病后几天就死去。本来应该是生机勃勃的春天变得异常的寂静，找不到生命萌动的气息。"正如蕾切尔·卡逊夫人在书中所写："现在我们正站在两条道路的交叉口上，我们长期以来一直行驶的这条容易被认为是一条舒适的平坦的超级公路。实际上在这条路的终点确有灾难等着我们，另一条路很少有人走过，却为我们提供了最后的机会，请保护我们的地球。"

蕾切尔·卡逊夫人呼吁人们要认真审视和反思传统工业化进程带来的环境污染问题，从大量使用农药化肥的后果中思考人类生存和发展的前景。《寂静的春天》将环境问题诉诸公众，唤醒了人们的环保意识。因此，蕾切尔·卡逊夫人被普遍认为是环境保护理念与行动的先驱。受该书影响，全球各国纷纷开始禁止使用DDT类农药，以应对环境污染和保护生态系统。

专栏 3.2　可持续发展题材类的部分影视作品

➤《难以忽视的真相》：本片被评为第79届奥斯卡奖最佳纪录长片，记录了美国前副总统艾尔·戈尔作为一个环保专家、世界公民，为了保护环境进行的种种努力。

> 《家园》：导演扬恩·亚瑟经过 15 年的筹备，历访 50 多个国家拍成此片，从大洋洲海底的大堡礁到非洲高原的乞力马扎罗山，从亚马孙热带雨林到戈壁沙漠，从美国连绵不断的棉花田到中国上海、深圳的工业城镇。影片向世人展现地球的绝美及日趋危急的现状。

> 《洪水泛滥之前》：这部纪录片跟拍了美国影星莱昂纳多·迪卡普里奥作为联合国大使游走世界各地考察环境的过程。

> 《逐冰之旅》：影片纪录了《国家地理》杂志摄影师詹姆斯·巴洛格长达数年的南极冰川考察之旅。通过他的摄像机镜头记录，我们得以看到这颗星球所遭受的破坏。

> 《冰冻地球》：英国 BBC 电视台耗时 5 年制作的纪录片。该片用镜头真实地展现了正在逐渐融化的地球两极，以及生活在这里的各种生物。

> 《愚昧年代》：这部科幻片通过一位年迈的档案保管员的视角，向我们讲述了这位生活在已被摧毁的未来世界中的老人，翻看公元 2015 年以前影像资料的悲哀和悔恨。现在所有的陨落，其实是人类在公元 2015 以前所累积的恶果。这部描绘全球变暖带给地球致命灾难甚至毁灭的科幻片，是根据主流科学的预测所建构的。电影制作资金全部由募捐得来，它向我们敲响了意义深刻的警钟。

> 《亲吻地面》：一个由科学家、农民、牧场主、活动家和政府机构组成的激进组织正联合起来，在全球范围内开展一场新型农业运动——"再生农业"。这种农业可以增加土壤寿命、储存水和封存二氧化碳。这些人来自不同的背景，但他们有一个共同的承诺——拯救土壤。

> 《追逐珊瑚》：电影讲述了全球变暖导致珊瑚大面积毁减，进一

步验证了地球环境的岌岌可危。

➤《第十一个小时》：美国影星莱昂纳多·迪卡普里奥作为出镜旁白和制片人，为全球观众呈现这部以环境保护为主题的影片，以引人深思的画面内容展示了人类过往行为造成的恶果及其发展趋势。更重要的是，影片告知我们该如何改变这一切。本片邀请大批思想家参与访谈，包括政治家戈尔巴乔夫、科学家史蒂芬·霍金、可持续领域的设计专家威廉·麦克多诺等。

可持续发展概念的产生并非一朝一夕之事，而是经历了漫长的探索过程（见表3-2）。1962—1987年，可持续发展研究领域涌现了诸多代表性报告、文件和著作，如《寂静的春天》《只有一个地球——对一个小小行星的关怀和维护》《增长的极限——罗马俱乐部关于人类困境的研究报告》《今后二百年——美国和世界的一幅远景》《没有极限的增长》等。这些早期探索对传统工业文明进行了反思，当然观点并不总是一致，有持乐观态度的，也有持悲观态度的。1987年，戈德史密斯（Goldsmith）在其著作《生存的蓝图》中提出了悲观观点，认为高度工业化社会的崩溃在半个多世纪内将不可避免，并主张对现有社会的发展方向进行战略转变。

表 3-2　可持续发展概念的早期探索过程

年份	倡导者	主要报告、文件和著作	主要观点和历史意义
1962 年	蕾切尔·卡逊	《寂静的春天》	引起人们对野生动物的关注，唤起了人们的环境意识，引发了公众对环境问题的注意
1972 年	芭芭拉·沃德等	《只有一个地球——对一个小小行星的关怀和维护》	从整个地球的发展前景出发，从社会、经济和政治的不同角度，评述经济发展和环境污染对不同国家产生的影响，呼吁各国人民重视维护人类赖以生存的地球

续表

年份	倡导者	主要报告、文件和著作	主要观点和历史意义
1972 年	丹尼斯·梅多斯等	《增长的极限——罗马俱乐部关于人类困境的研究报告》	在未来一个世纪中，人口和经济需求的增长将导致地球资源耗竭、生态破坏和环境污染。除非人类自觉限制人口增长和工业发展，这一悲剧将无法避免
1972 年	人类环境会议	《联合国人类环境会议宣言》	阐明了七点共同看法和二十六项原则，以鼓舞和指导世界各国人民保护与改善人类环境
1976 年	赫尔曼·卡恩等	《今后二百年——美国和世界的一幅远景》	认为从长远来看，现存的一切重大问题在原则上都可以解决
1981 年	朱利安·西蒙	《没有极限的增长》	认为人类能力的发展是无限的，依靠技术进步可以解决一切问题
1984 年	朱利安·西蒙等	《资源丰富的地球——驳〈公元 2000 年的地球〉》	地球上的资源是丰富的，只要政治、制度、管理和市场等多种机制能较好地发挥作用，从长期看，人口的增长有利于经济发展和技术进步
1987 年	戈德史密斯	《生存的蓝图》	认为高度工业化社会的末日在半个多世纪内将不可避免地出现，主张对现存社会发展方向做出战略转变

资料来源：李晓西、胡必亮等，《中国：绿色经济与可持续发展》，北京，人民出版社，2012，第 19～20 页。

三、《布伦特兰报告》：普及可持续发展概念

可持续发展概念的起源可追溯到 1972 年的人类环境会议。为响应全球环保浪潮，联合国于 1972 年 6 月在瑞典斯德哥尔摩召开了人类环境会议，

这标志着全球环境保护运动的序幕拉开，也意味着人类开始致力于共同保护环境，并将环境问题纳入世界各国政府和国际政治的议程。此次会议通过了《联合国人类环境会议宣言》（见专栏 3.3），明确指出人类在开发利用自然资源的同时也要承担维护自然的责任和义务。同时，会议还成立了联合国环境规划署（United Nations Environment Programme, UNEP），正式开始讨论可持续发展的概念。中国政府委派代表团参加了这次会议，代表团团长、燃料化学工业部副部长唐克于 1972 年 6 月 10 日上午在联合国人类环境会议全体会议上发言。1973 年 8 月，国务院委托国家计划委员会在北京组织召开了中国第一次环境保护会议，会议审议通过了"全面规划，合理布局，综合利用，化害为利，依靠群众，大家动手，保护环境，造福人民"的环境保护工作"32字方针"，并出台了中国第一个环境保护文件《关于保护和改善环境的若干规定》。此次会议标志着中国环境保护工作的起步，并为后续发展奠定了基础。

专栏 3.3　《联合国人类环境会议宣言》①

联合国人类环境会议于 1972 年 6 月 5—16 日在斯德哥尔摩举行，考虑到需要取得共同的看法和制定共同的原则以鼓舞和指导世界各国人民保持和改善人类环境，兹宣布：

1. 人类既是环境的创造物，又是环境的塑造者，环境给予人以维持生存的东西，并给人提供了在智力、道德、社会和精神等方面获得发展的机会。生存在地球上的人类，在漫长和曲折的进化过程中，已经达到这样一个阶段，即由于科学技术发展的迅速加快，人类获得了以无数方法和在空前的规模上改造其环境的能力。人类环境的两个方面，即天然和人为的两个方面，对于人类的幸福和对于享受基本人权，甚至生存权

---

① 资料来源：Declaration of the United Nations Conference on the Human Environment, Stockholm, 1972.

利本身，都是必不可少的。

2. 保护和改善人类环境是关系全世界各国人民的幸福和经济发展的重要问题，也是全世界各国人民的迫切希望和各国政府的责任。

3. 人类总得不断地总结经验，有所发现，有所发明，有所创造，有所前进。在现代，人类改造其环境的能力，如果明智地加以使用的话，就可以给各国人民带来开发的利益和提高生活质量的机会。如果使用不当，或轻率地使用，这种能力就会给人类和人类环境造成无法估量的损害。在地球上许多地区，我们可以看到周围有越来越多人为的损害的迹象；在水、空气、土壤及生物中污染达到危险的程度；生物界的生态平衡受到严重和不适当的扰乱；一些无法取代的资源受到破坏或陷于枯竭；在人为的环境，特别是生活和工作环境里存在着有害于人类身体、精神和社会健康的严重缺陷。

4. 在发展中的国家中，环境问题大半是发展不足造成的。千百万人的生活仍然远远低于像样的生活所需要的最低水平。他们无法取得充足的食物和衣服、住房和教育、保健和卫生设备。因此，发展中的国家必须致力于发展工作，牢记发展中国家的优先任务和保护及改善环境的必要。为了同样目的，工业化国家应当努力缩小他们自己与发展中国家的差距。在工业化国家里，环境一般同工业化和技术发展有关。

5. 人口的自然增长继续不断地给保护环境带来一些问题，但是如果采取适当的政策和措施，这些问题是可以解决的。世间一切事物中，人是第一宝贵的。人民推动着社会进步，创造着社会财富，发展着科学技术，并通过自己的辛勤劳动，不断地改造着人类环境。随着社会进步和生产、科学及技术的发展，人类改善环境的能力也与日俱增。

6. 现在已达到历史上这样一个时刻：我们在决定在世界各地的行动时，必须更加审慎地考虑它们对环境产生的后果。由于无知或不关心，我们可能给我们的生活和幸福所依靠的地球环境造成巨大的无法挽回的损害。反之，有了比较充分的知识和采取比较明智的行动，我们就可能使我们自己和我们的后代在一个比较符合人类需要和希望的环境中过着较好的生活。改善环境的质量和创造美好生活的前景是广阔的。我们需要的是热烈而镇定的情绪，紧张而有秩序的工作。为了在自然界里取得自由，人类必须利用知识在同自然合作的情况下建设一个较好的环境。为了这一代和将来的世世代代，保护和改善人类环境已经成为人类一个紧迫的目标，这个目标将同争取和平、全世界的经济与社会发展这两个既定的基本目标共同和协调地实现。

7. 为实现这一环境目标，将要求公民和团体及企业和各级机关承担责任，大家平等地从事共同的努力。各界人士和许多领域中的组织，凭他们有价值的品质和全部行动，将确定未来的世界环境的格局。各地方政府和全国政府，将对在他们管辖范围内的大规模环境政策和行动，承担最大的责任。为筹措资金以支援发展中国家完成他们在这方面的责任，还需要进行国际合作。种类越来越多的环境问题，因为它们在范围上是地区性或全球性的，或者因为它们影响着共同的国际领域，将要求国与国之间广泛合作和国际组织采取行动以谋求共同的利益。会议呼吁各国政府和人民为着全体人民和他们的子孙后代的利益而做出共同的努力。

这些原则申明了共同的信念：

1. 人类有权在一种能够过有尊严和福利的生活的环境中，享有自由、平等和充足的生活条件等基本权利，并且负有保护和改善这一代和将来的世世代代的环境的庄严责任。在这方面，促进或维护种族隔离、种族分离与歧视、殖民主义和其他形式的压迫及外国统治的政策，应该受到谴责并且必须被消除。

2. 为了这一代和将来的世世代代的利益，地球上的自然资源，其中包括空气、水、土地、植物和动物，特别是自然生态类中具有代表性的标本，必须通过周密计划或适当管理加以保护。

3. 地球生产非常重要的再生资源的能力必须得到保持，而且在实际可能的情况下加以恢复或改善。

4. 人类负有特殊的责任保护和妥善管理由于各种不利的因素而现在受到严重危害的野生生物后嗣及其产地。因此，在计划发展经济时必须注意保护自然界，其中包括野生生物。

5. 在使用地球上不能再生的资源时，必须防范将来把它们耗尽的危险，并且必须确保整个人类能够分享从这样的使用中获得的好处。

6. 为了保证不使生态环境遭到严重的或不可挽回的损害，必须制止排除有毒物质或其他物质，以及散热时其数量或集中程度超过环境能使之无害的能力。应该支持各国人民反对污染的正义斗争。

7. 各国应该采取一切可能的步骤来防止海洋受到那些会对人类健康造成危害的、损害生物资源和破坏海洋生物舒适环境的或妨害对海洋进行其他合法利用的物质的污染。

8. 为了保证人类有一个良好的生活和工作环境，为了在地球上创造那些对改善生活质量所必要的条件，经济和社会发展是非常必要的。

9. 由不发达和自然灾害而导致的环境破坏造成了严重的问题。克服这些问题的最好办法，是移用大量的财政和技术援助以支持发展中国家本国的努力，并且提供可能需要的及时援助，以加速发展工作。

10. 对于发展中国家来说，必须考虑经济因素和生态进程，因此，使初级产品和原料有稳定的价格和适当的收入是必要的。

11. 所有国家的环境政策应该提高，而不应该损及发展中国家现有或将来的发展潜力，也不应该妨碍大家生活条件的改善。各国和各国际组织应该采取适当步骤，以便就应对因实施环境措施所可能引起的国内或国际的经济后果达成协议。

12. 应筹集资金来维护和改善环境，其中要照顾到发展中国家的情况和特殊性，照顾到他们由于在发展计划中列入环境保护项目而需要的任何费用，以及应他们的请求而供给额外的国际技术和财政援助的需要。

13. 为了实现更合理的资源管理从而改善环境，各国应该对他们的发展计划采取统一的做法，以保证为了人民的利益，使发展同保护和改善人类环境的需要相一致。

14. 合理的计划是协调发展的需要，它和保护与改善环境的需要是相一致的。

15. 人的定居和城市化工作必须加以规划，以避免对环境的不良影响，并为大家取得社会、经济和环境三方面的最大利益。在这方面，必须停止为殖民主义和种族主义统治而制定的项目。

16. 在人口增长率或人口过分集中可能对环境或发展产生不良影响的地区，或在人口密度过低可能妨碍人类环境改善和阻碍发展的地区，都应采取不损害基本人权和有关政府认为适当的人口政策。

17. 必须委托适当的国家机关对国家的环境资源进行规划、管理或监督，以期提高环境质量。

18. 为了人类的共同利益，必须应用科学和技术以鉴定、避免和控制环境恶化并解决环境问题，从而促进经济和社会发展。

19. 为了更广泛地扩大个人、企业和基层社会在保护和改善人类各种环境方面提出开明舆论和采取负责行为的基础，必须对年轻一代和成人进行环境问题的教育，同时应该考虑到对不能享受正当权益的人进行这方面的教育。

20. 必须促进各国，特别是发展中国家从事有关环境问题的科学研究及其发展。在这方面，必须支持和促使最新科学情报和经验的自由交流以便解决环境问题；应该使发展中的国家得到环境工艺，其条件是鼓励这种工艺的广泛传播，而不成为发展中国家的经济负担。

21. 按照联合国宪章和国际法原则，各国有按自己的环境政策开发自己资源的主权，并且有责任保证在他们管辖或控制之内的活动不致损害其他国家的或在国家管辖范围以外地区的环境。

22. 各国应进行合作，针对有关他们管辖或控制范围内的活动对其管辖范围以外的环境造成污染及其他环境损害，进一步发展有关责任和受害者赔偿问题的国际法。

23. 在不损害国际大家庭可能达成的规定和不损害必须由一个国家决定标准的情况下，必须考虑各国的现行价值观体系，以及对最先进的国家有效但对发展中国家可能不适合并造成不必要的社会代价的标准的可行程度。

24. 有关保护和改善环境的国际问题应当由所有的国家，不论其大小，在平等的基础上本着合作精神来加以处理。必须通过多边或双边的安排或其他合适途径的合作，在正当地考虑所有国家的主权和利益的情况下，防止、消灭或减少和有效地控制各方面的行动所造成的对环境的有害影响。

25. 各国应保证国际组织在保护和改善环境方面起协调的、有效的和能动的作用。

26. 人类及其环境必须免受核武器和其他一切大规模毁灭性手段的影响。各国必须努力在有关的国际机构内就消除和彻底销毁这种武器迅速达成协议。

自20世纪80年代开始，人们对生态问题的关注焦点从资源问题转向了生态系统的废物吸收问题，因为生态系统吸收和处理废物的能力已经受到威胁。同时，人们逐渐认识到，发达国家的生产和生活方式不能被简单地移植到全球其他地区，后者大约覆盖了全球 80% 的人口。作为主要环境和社会经济问题的源头，发达国家被赋予了主要责任，应采取措施解决环境污染和破坏问题。《勃兰特报告》和随后的《帕尔姆报告》是联合国南北委员会当时的工作成果，也是最早广泛讨论这一主题的国际文件之一。1982 年，正值斯德哥尔摩会议十周年之际，联合国人类环境大会在肯尼亚内罗毕召开，旨在为环境与发展制定新的长期战略。

可持续发展的概念源自世界自然保护联盟（International Union for Conservation of Nature, IUCN）1980 年举行的世界保护战略会议。世界自然保护联盟认为，可持续发展是一个能使自然资源利用、生物多样性保护和生态系统恢复得以兼容和持续的战略性概念。IUCN、UNEP、WWF 在 1980 年共同发表的《世界自然资源保护大纲》中指出，"必须研究自然的、社会的、生态的、经济的及利用自然资源过程中的基本关系，以确保全球的可持续发展"。同年，IUCN、UNEP 和联合国教科文组织（United Nations Educational, Scientific and Cultural Organization, UNESCO）出版了《世界自然保护战略：为了可持续发展的生存资源保护》。这是"可持续发展"一词首次在当代语境中使用。其核心论点是，如果不保护生态功能，就不会有经济发展。可持续发展在当时是一个新颖的概念，其中首要任务是保护好自然资源和解决好生态问题，如有效利用资源、保护生物多样性、维护生态系统功能等被列为优先事项。尽管政治和社会经济条件是生态系统面临挑战的主要原因，但当时人们对这些问题的讨论较少。

1981 年，美国学者布朗在其著作《建设一个持续发展的社会》中提出要通过控制人口增长、保护资源基础和开发再生能源来实现可持续发展。1983 年，联合国通过决议，成立世界环境与发展委员会，由挪威首相布伦特兰担任首任主席。1987 年，世界环境与发展委员会发表了《布伦特兰报告》。该报告基于斯德哥尔摩第一次人类环境会议的成果，洞察了经济、社会和环境之间相互依赖的关系。世界环境与发展委员会在分析问题和提出行动建议时，强调了三项基本原则：一是全球视角；二是环境与发展的关系；三是追求公平。《布伦特兰报告》区分了两种不同的公平观：一是代际公平，强调对后代的责任；二是代内公平，关注当今各国间的责任，认为富国有义务补偿穷国。

　　从目前来看，《布伦特兰报告》对可持续发展的贡献主要体现在三个方面：（1）首次由联合国大会讨论通过并正式提出了可持续发展的概念；（2）首次明确界定了可持续发展的含义，即"既能满足当代人的需求，又不损害子孙后代满足自身需求能力的发展"；（3）推广并普及了可持续发展的理念。报告详细论述了当今世界日益严重的环境与发展问题，并提出了解决对策和建议。该报告指出，可持续发展是一个密不可分的系统，既要发展经济，又要保护好人类赖以生存的大气、淡水、海洋、土地和森林等自然资源和环境，以确保子孙后代能够持续发展。报告强调，可持续发展与环境保护既有联系，但又不等同。可持续发展的核心是发展，但这一发展必须在严格控制人口数量、提高人口素质、保护环境和永续利用资源的前提下，实现经济和社会的协调进步。人是可持续发展的中心体，只有实现持续性发展才能确保子孙后代也能够繁荣和安居乐业。该报告经联合国第42届大会辩论后得以通过，成为各国政策选择的重要参考，对促进人类环境保护与发展具有重要的里程碑意义。报告提出的可持续发展概念也成为1992年联合国环境与发展大会的主要议题，并得到世界各国的广泛认可与接受。

　　可持续发展涵盖了自然、环境、社会、经济、科技、政治等多个领域，因此不同领域的研究者根据其学科背景和研究视角，对可持续发展的定义也有所不同。总体上可归纳为以下几类：（1）侧重于自然方面的定义。"可持续"一词最早由生态学家提出，通常指"生态可持续性"（ecological sustainability），即强调自然资源的开发与利用之间的平衡。1991年11月，国际生态学联合会（International Association for Ecology, INTECOL）和国际生物科学联合会（International Union of Biological Sciences, IUBS）联合召开了关于可持续发展问题的专题研讨会。会议成果深化了可持续发展概念的自然属性，指出可持续发展应定义为"保护并加强环境系统的生产和更新能力"，即可持续发展的速度不能超越环境系统自我更新能力。（2）侧重于社会方面的定义。1991年，由IUCN、UNEP和WWF共同发表《保护地球：可持续生存战略》，该报告将可持续发展定义为"在不超出维持生态系统容量的前提下生存，持续改善人类的生活品质"，并提出了人类可持续生存的九条基本原则。（3）侧重于经济方面的定义。爱德华·巴比尔（Edward Barbier）在其著作《经济学、自然资源稀缺和发展：传统与现代观点》中将可持续发展定义为"在保持自然资源的质量及其所提供服务的前提下，最大化经济发展的净利益"。皮尔斯则认为可持续发展意味着当代的资源利用不应减少未来的实际收入，即当发展能够确保当代人的福利增加时，也不会使后代的福利减少。（4）侧重于科技方面的定义。古斯塔雷·斯帕思（Gustare Spath）认为可持续发展就是转向更清洁、更有效的技术（尽可能接近"零排放"或"密封式"工艺方法），尽可能减少能源和其他自然资源的消耗。

　　迄今为止，关于可持续发展的定义已经超过100种，相关讨论仍在持续进行。文朋尼认为，定义出一个令人满意的可持续发展的概念是环境经济学梦寐以求的目标。皮尔斯等人也提出了约30种定义。然而，皮尔斯认为，定义可持续发展并非一项繁重的任务，反而十分简单，一旦这个概念被清楚地理解，真正的问题就在于如何实现可持续发展。皮尔斯将可持续发展定义为人类福利的长盛不衰。也就是说，如果现代人生活境况的改善是以牺牲后代人生活标准为代价的，那么这就不是可持续发展。尽管如此，最被广泛接受、影响最深远的仍是《布伦特兰报告》中的定义——既能满足当代人需求，又不损害子孙后代满足自身需求能力的发展。

综合各方对可持续发展的理解与定义可知，"可持续"与"可持续发展"既有联系，也存在区别，可持续发展是一个旨在实现长期可持续的动态过程。

1989年5月，联合国环境规划署在第15届理事会期间，专门讨论了"可持续发展"的定义和战略。会议认为，可持续发展的定义和战略主要涵盖以下四个方面：一是走向国家和国际平等；二是要有一种支援性的国际经济环境；三是维护、合理使用并提高自然资源基础；四是在发展计划和政策中纳入对环境的关注和考虑。

四、可持续发展：全球发展战略

1992年6月，联合国环境与发展大会在巴西里约热内卢举行，全球178个国家、17个联合国机构、33个政府组织的代表，以及103位国家元首和首脑与会。因此，这次会议又被称为"全球环境首脑会议"，简称"里约会议"（Rio Conference）。这是继1972年斯德哥尔摩人类环境会议和1987年《布伦特兰报告》之后又一个里程碑式的环境事件。里约会议取得了一系列重要成果，围绕地球宪章、行动计划、公约、资金来源、技术转让及制度六大议题展开讨论，通过并签署了五份重要文件：《里约环境与发展宣言》（又称《地球宪章》）、《21世纪议程》、《联合国气候变化框架公约》、《联合国关于森林问题的原则声明》和《联合国生物多样性公约》。其中《地球宪章》作为全球环境与发展领域合作的框架文件，旨在为保护地球的永恒活力和完整性而建立一种新的、公平的伙伴关系基本准则。《21世纪议程》则由四个部分组成，分别涉及可持续发展战略（18个方案）、社会可持续发展（19个方案）、经济可持续发展（20个方案）和资源的合理利用与环境保护（21个方案）。这是关于各国政府、国际组织和非政府组织在全球范围内推进可持续发展的行动计划，文件着重阐明了人类在环境保护与可持续之间应做出的选择和行动方案，提供了 21 世纪的行动蓝图，旨在建立 21 世纪世界各国在人类活动对环境产生影响的各个方面的行为规则，为保障人类共同的未来提供一个全球性措施的战略框架。同时，它明确了发达国家与发展中国家在处理全球环境问题方面应履行"共同但有区别的责任"，并明确了发达国家向发展中国家提供资金和进行技术转让的承诺。里约会议还提出一个重要目标——逐步减少并最终消除贫困。为全面支持在世界范围内落实《21 世纪议程》，联合国大会于 1992 年专门成立了可持续发展委员会。

1997 年 12 月，《联合国气候变化框架公约》缔约国在日本京都共同签署了《京都议定书》。作为一项全球性的环保协定，《京都议定书》标志着全球合作推动环保行动进入了实质性实施阶段。截至 2009 年 2 月，共有 183 个国家签署并加入《京都议定书》。2009 年 12 月，全球气候大会在丹麦首都哥本哈根召开，192 个国家的谈判代表参与了本次会议，共同商讨《京都议定书》第一承诺期到期后的方案，即 2012—2020 年的全球减排协议。

1992—2002 年，尽管世界对可持续发展的需求已达成共识，但在执行方面仍存在问题，尤其在经济和社会维度。因此，除了关注特定环境问题，世界各国领导人还需要关注政府管理、财政、贸易和贫困等议题。2002 年 8 月，约 6 万人齐聚南非约翰内斯堡，参加了世界可持续发展峰会（World Summit on Sustainable Development, WSSD），南非总统将会议主题定为"人类、地球、繁荣"。本次峰会审议评估了《21 世纪议程》的实施进展，探索实现既定目标与公约的新途径，特别是联合国千年发展目标的对象。不过，该峰会并未提出新的国际协议。

为纪念 1992 年通过《21 世纪议程》这一历史性事件 20 周年，2012 年 6 月，联合国在巴西里约热内卢召开了可持续发展峰会，简称"里约 +20"会议。120 多个国家的元首和政府首脑出席了这次大会，同时有数万名非政府组织领导、专家、媒体及社会各界代表参加，总人数超过 5 万人。这次峰会的主要议题是减少贫困、绿色经济与可持续发展。会议呼吁全世界更加关注经济与生态、环境、资源之间的关系，并通过了具体的行动方案，力争在经济增长的同时，实现低碳经济，解决气候变化、粮食安全、水资源和能源短缺等问题，推动绿色发展。但这次峰会并没有针对制度规定进行协商，而是将其重心从伙伴关系扩展到对新型治理和执行机制的探讨。这些机制涉及各国政府、各类利益相关者和各级组织团体协作参与。这次大会比以往的首脑会议更加重视可持续发展的社会维度，强调整合经济、社会、环境三个维度的重要性。

2015年9月，庆祝联合国成立70周年系列峰会在联合国总部纽约举行。峰会汇聚了各国国家元首、政府首脑和高级别代表。会上193个成员国一致审议通过了《变革我们的世界：2030年可持续发展议程》（以下简称《议程》）。《议程》共包含91条内容，约15000个英文单词，中文译文约3万字，系统阐述了全球发展的愿景、共同原则与承诺，并全面概括了当今世界面临的挑战。《议程》提出了17项可持续发展目标（SDGs）和169项具体目标，同时对后续落实和评估的行动方案做出了详细安排。《议程》来之不易，是大量谈判协商的结晶，吸收了许多相关国际工作的成果。这不仅包括此前的第三届联合国发展筹资大会和第三届联合国关于降低灾害风险大会，还囊括其后2015年巴黎联合国气候大会（COP21）上《联合国气候变化框架公约》缔约方会议的成果——《巴黎协定》。新的全球可持续发展目标，旨在呼吁各国彻底转变发展理念，从经济、社会和环境三大维度出发，采取行动，调整政策与战略规划，力争在2030年实现各项目标。此次会议对于全球可持续发展事业具有里程碑式的意义，标志着可持续发展成为全球广泛关注、普遍认同并贯彻执行的全球发展战略。

参考文献

1. 大卫·皮尔斯.绿色经济的蓝图——衡量可持续发展 [M].李巍，曹利军，王淑华，等，译.北京：北京师范大学出版社，1996.

2. 莱斯特·布朗.建设一个持续发展的社会 [M].祝友三，等，译.北京：科学技术文献出版社，1984。

3. 世界环境与发展委员会.我们共同的未来 [M].王之佳，等，译.长春：吉林人民出版社，1997.

4. 邹瑜，顾明.法学大辞典 [M].北京：中国政法大学出版社，1991.

5. Barbier, Edward. Economics, natural-resource scarcity and development: conventional and alternative views[M]. London: Routledge, 2013.

6. Pearce, D., Markandya, Anil and Barbier, Edward. Blueprint for a green economy[M]. London: Earthscan Publications, 1990.

7. Pearce, David. Blueprint 3: measuring sustainable development[M]. London: Earthscan Publications, 1994.

8. Pearce, David. Blueprint 2: greening the world economy[M]. London: Earthscan Publications, 1991.

9. Smith, L. Graham. Impact assessment and sustainable resource management[M]. New York: Longman Publishing Group, 1993.

10. Winpenny, James Thomas. Values for the environment: a guide to economic appraisal[M]. London: H.M.S.O., 1991.

第四章

鸿业远图：从千年发展目标（MDGs）到可持续发展目标（SDGs）

推动实现全球可持续发展，是一项宏伟的事业，承载着远大的志向。然而，究竟什么样的发展才既能满足当代人的需求，同时又不损害子孙后代满足自身需求的能力？具体要从经济、社会、环境三大维度的哪些方面着手呢？为此，我们需要制定一套科学合理、清晰可行且全球广泛认可的目标，以更好地指导各国的政策与行动。

本章将首先介绍千年发展目标和国际发展目标，然后梳理可持续发展目标的酝酿和产生过程，最后分析可持续发展目标及其指标体系的特点。

一、千年发展目标

千年发展目标（Millennium Development Goals, MDGs）是 2000 年 9 月在联合国首脑会议上，由 189 个国家共同签署《联合国千年宣言》并一致通过的一项全球行动计划，旨在到 2015 年之前将全球贫困水平降低一半。千年发展目标的制定经历了三个主要时期：（1）20 世纪 40 年代至 70 年代的国际讨论为后续发展目标的提出奠定了基础；（2）20 世纪 90 年代经济合作与发展组织（Organization for Economic Co-operation and Development,

OECD）的发展援助委员会提出了国际发展目标，为千年发展目标的雏形提供了方向；（3）20 世纪 90 年代末至 2000 年，在联合国千年首脑会议等一系列讨论之后，原有的国际发展目标被修正为千年发展目标，成为全球推动发展的主要框架。

千年发展目标的起源可以追溯到 1948 年《世界人权宣言》第二十五条第一款，其中指出，人人有权享受为维持他本人和家属的健康和福利所需的生活水准，包括食物、衣着、住房、医疗。这一原则为后续的国际发展目标奠定了基础。在 20 世纪 70 年代，联合国在其第二个发展十年战略中规定逐步增加发达国家官方发展援助的数额，尽量在这个十年的中期达到其国民总收入的 0.7%。

进入 20 世纪 90 年代，为应对国际援助数额总体下降的局面，制定具体发展目标的需求日益迫切。大卫·休姆（David Hulme）和福田帕尔·咲子（Sakiko Fukuda-Parr）认为，这一政治和思想动机促使国际发展成为一项全球性工程。为此，发展援助委员会于 1996 年提出了一系列国际发展目标，包括以下三个方面（见表 4-1）：（1）经济福利（消除贫困的措施）；（2）社会发展（包括教育、性别和健康）；（3）环境可持续和再生。

尽管这些目标的提出具有重要意义，但由于缺乏行动计划，这些国际发展目标对经合组织国家产生的实际影响微乎其微。因此，这一系列目标很快便淡出了人们的视线。与此同时，还必须看到，国际发展目标是由富裕国家制定的，他们共同拟定了一系列可实现、具体、可量化的目标，试图引起经合组织成员国的兴趣，然而这种目标设定也被外界批评为只是援助机构对落后国家的标准说辞，缺乏真正的合作伙伴关系。

积极促成千年发展目标制定的是由联合国开发计划署和世界银行发起的收入与贫困监测倡议。与国际发展目标更侧重于经济增长和减贫不同，联合国开发计划署在《1997 年人类发展报告》中强调了基于人权的人类发展目标，如预期寿命、消除疾病和成人扫盲等。

表 4-1　国际发展目标与千年发展目标

国际发展目标	千年发展目标
1. 经济福利：至 2015 年，发展中国家极端贫困人口比例应至少减少一半。	1. 消灭极端贫穷和饥饿：1990—2015 年，每日收入低于 1.25 美元的人口比例减半；1990—2015 年，挨饿的人口比例减半。
2. 社会发展：基础教育、性别平等、基本卫生保健、计划生育等方面应取得以下实质性进展：	2. 实现普及初等教育：确保到 2015 年，世界各地的儿童，不论男女，都能完成小学全部课程。
（1）至 2015 年，初等教育在各国普及。	3. 促进两性平等，并赋予妇女权力：争取到 2005 年消除小学教育和中学教育中的两性差距，最迟于 2015 年在各级教育中消除此种差距。
（2）至 2005 年，尽可能消除初等教育和中等教育中的两性差距。	4. 降低儿童死亡率：1990—2015 年，五岁以下死亡率降低三分之二。
（3）至 2015 年，各发展中国家 5 岁以下婴幼儿死亡率与 1990 年的水平相比，应降低三分之二。同一时期内，孕产妇死亡率应减少四分之三。	5. 改善产妇保健：1990—2015 年，产妇死亡率降低四分之三。
（4）应尽快并不晚于 2015 年通过建立基层医疗体系，使所有适龄人群能够接受生殖健康服务，包括安全可靠的计生方法。	6. 与艾滋病毒/艾滋病、疟疾和其他疾病作斗争：到 2015 年，遏制并开始扭转艾滋病毒/艾滋病的蔓延；到 2015 年，遏制并开始扭转疟疾和其他主要疾病的发病率。
3. 环境可持续和再生：应当在 2005 之前建立现阶段的可持续发展国家战略，并在实施过程中，2015 年前确保遏制各国当前环境资源流失的趋势，即森林、渔业、淡水、气候、固体、生物多样性、平流层臭氧、有害物质积累及其他主要指标在全球及该国层面得到有效逆转。	7. 确保环境的可持续能力：将可持续发展原则纳入国家政策和方案，并扭转环境资源持续损失；到 2015 年，无法持续获得安全饮用水和基本卫生设施的人口比例减半；到 2020 年，至少 1 亿贫民窟居民的生活明显改善。
	8. 制定促进发展的全球伙伴关系：进一步发展开放的、有章可循的、可预测的、非歧视性的贸易和金融体制；满足最不发达国家的特殊需要；满足内陆发展中国家和小岛屿发展中国家的特殊需要；通过国家和国际措施全面处理发展中国家的债务问题，增强债务的长期可持续性；与发展中国家合作，为青年创造充分的生产就业和体面的工作机会；与制药公司合作，为发展中国家提供负担得起的基本药物；与私营部门合作，普及新技术，特别是信息和通信。

资料来源：联合国发展援助委员会，数据以 1990 年的水平为基准。

科菲·安南（Kofi Annan）在担任联合国秘书长期间，致力于将全球减贫纳入联合国核心议程。在他的推动下，1998年联合国开始筹划千年大会，正式着手制定全球性目标。同时，科菲·安南发布了《我们人民：面向21世纪的联合国》，这份报告成为千年高峰会议的基本纲领。除减贫外，该报告还强调两性平等和赋予妇女权力、生殖健康、防治艾滋病病毒感染等卫生问题，以及经济增长、信息技术等新技术共享、社会发展、环境保护，以及加强全球伙伴关系的重要性。

《联合国千年宣言》体现了性别平等、减贫等全球性目标。与此同时，强调卫生保障和性别平等的呼声日益强烈，随后在世界银行、世界卫生组织和联合国儿童基金会的支持下，卫生领域的目标得到了极大扩充。在表4-1的8项千年发展目标中，卫生领域的目标就占了3项。

千年发展目标的制定及其贯彻落实，为人类社会探究和建设可持续发展提供了宝贵的经验。千年发展目标成功吸引了人们对全球性问题和目标的关注，并获得了广泛的支持。它以简洁易懂的方式传播相关理念和知识，取得了显著进展，例如，大幅度降低极端贫困水平，减少小学教育中的性别歧视及普遍的性别不平等问题。千年发展目标的主要成就可以归纳为两大方面：（1）千年发展目标将着力点放在消灭贫困和增加国际发展援助上，推动了全球减贫事业的发展。通过增加来自各类机构和官方发展援助的财政支持，千年发展目标使得消灭贫困的政策在发展中国家的优先级显著提高。（2）相关领域间的联系得到强化，如卫生与水质、卫生和营养等，同时促进了发展中国家利益相关者的广泛参与。

然而，千年发展目标也面临一些批评。部分批评指出，不同目标落实状况存在差距，尤其是在不同区域目标实施进展之间的差距。此外，千年发展目标并没有清晰阐明全球目标与国家或地方目标之间的联系及优先顺序。其原因之一在于，联合国秘书处将千年发展目标设定在全球层面，强调集中精力从宏观上把控目标实施进展，但这种宏观把控未必可以满足国家或地方层面的具体需求与资源分配。相比之下，后来的可持续发展目标更加强调国家所有权、分类数据和量化目标进展的重要性，注意统筹考虑国家和地区在能力与环境等方面的差异。可持续发展目标鼓励各国制定符合本国实际的子目标，并为国家层面提出补充指标提供了灵活性。这也反映出各国在协商过程中非常忌讳"一刀切"的做法。还有些批评意见认为千年发展目标缺乏包容性。千年发展目标主要针对发展中国家，而工业发达国家则主要作为多边和国家发展机构的资助者，只在第 8 项目标中略有提及。此外，尽管千年发展目标参考了政府间会谈及联合国内外协商的内容，也参考了各国政府的数据资料，但早期这些目标并非基于联合国大会多数成员国通过的正式决定，而是由联合国秘书处基于千年首脑会议的框架构建的。

　　总体来看，千年发展目标主要面临四个方面的批评或挑战：（1）全球层面、各国政府与各级地方之间缺乏必要的联系，而且各国各类主体之间也存在隔阂。例如，由于国内种族和宗教冲突频繁，加之千年发展目标更强调社会服务而非基础设施建设，非洲在推动实现千年发展目标过程中的整体表现明显逊于亚洲。有观点指出，千年发展目标对非洲是"不公平"的。例如，第 4 项目标降低儿童死亡率是基于比例的相对标准而非绝对标准。非洲作为世界上儿童死亡率最高的地区，要实现这一目标具有相当的难度。（2）千年发展目标未能反映对象国在不同区域环境下的异质性需求。简单来说，千年发展目标确立了总体目标，但却并未根据各国的当务之急设定可行的操作流程和规范。这导致了另一饱受诟病的弊端——千年发展目标缺乏实现机制，特别是在融资方面过于依赖捐助资金。阿什瓦尼·塞思（Ashwani Saith）认为，千年发展目标更像是"愿望清单"，缺乏更细化的指标与时间框架。因此，千年发展目标是否能够作为一种"编程工具"实现其设定的目标，值得怀疑。（3）千年发展目标是根据结果导向的管理方式而制定的，未能有效衡量诸如人权、平等或"善治"问题。千年发展目标只涵盖了《可持续发展议程》的部分内容，专注于消除极端贫穷和饥饿，普及小学教育，促进两性平等并赋予妇女权力，降低儿童死亡率，改善产幼保健，对抗艾滋病病毒、疟疾及其他疾病，确保环境的可持续性等。更为核心的环境与地球稳定问题，仅在千年发展目标的第 7 项目标中有所提及，并被分为 4 项子目标——扭转自然资源退化、减少生物多样性的丧失、增加安全饮用水和基础卫生设施的供给、改善贫民窟生活。许多重要的全球性环境问题，如气候变化和生物多样性保护，则未被详细提及。（4）目标与成就之间的因果关系值得商榷。千年发展目标下的成就是否直接归因于千年发展目标本身，还是主要与外部效应相关？例如，民主化进程和技术创新显然能够促进经济繁荣，从而实现部分千年发展目标。相反，政治腐败和动荡则会明显放慢实现目标的进度。因此，外部性问题或因果关系问题是千年发展目标评价中的核心问题。换言之，有必要细致探查能够将千年发展目标与相关问题直接联系起来的各项因素，从中得出经验教训。以中国为例，虽然中国帮助了 4 亿人口脱贫，但这可能更多是政府有意识的政策调控和治理结果，而非千年发展目标的直接效应。

二、可持续发展目标的酝酿和产生过程

越来越多的证据表明，地球系统已经进入了一个称为"人类世"的新纪元，人类活动正从根本上改变地球系统。尽管千年发展目标的第 7 项承认了环境问题，但它孤立地看待环境问题和地球系统，未能体现经济、社会和环境之间的相互联系。自千年发展目标设立以来，随着人们对系统耦合关系的认识不断加深，人们对全球性问题的理解也发生了变化，越来越看重综合性政策，特别是能够同时整合经济、社会与环境这三个维度的综合政策。

2015 年是千年发展目标的收官之年。联合国在总结其成就的基础上，继续团结国际社会，为新时代发展提供新的愿景，旨在确保人人都过上有尊严的生活，同时推动经济增长、社会包容与环境可持续发展的统一。总之，在国际发展目标和千年发展目标下，全球可持续发展事业虽然取得了一定成果，但尚存不足，各国相互之间的依赖及地球系统的复杂性都在不断增加，为应对这些复杂挑战，就需要不断变革人类行为与治理体系。在此背景下，可持续发展目标（Sustainable Development Goals, SDGs）应运而生。

2011 年 7 月 19 日至 21 日，可持续发展体制框架高级别对话在印度尼西亚的梭罗举行。在危地马拉和阿拉伯联合酋长国的支持下，哥伦比亚政府在对 2012 年联合国可持续发展大会的展望中率先提议制定可持续发展目标。随后，全球多个论坛上，各国对这一目标表现出浓厚兴趣。2011 年 11 月，30 个国家的代表齐聚哥伦比亚首都波哥大，就可持续发展目标进行了非正式会谈。他们一致认为，2012 年联合国可持续发展大会是就可持续发展形成政治承诺的关键契机，必须制定具体方案以支撑承诺，确保《21 世纪议程》和《约翰内斯堡执行计划》的实施。与会成员强调通过目标导向框架促进政府与机构合作、努力实现共同目标的重要性。

随后，联合国可持续发展大会通过了《我们想要的未来》，其中可持续发展目标是该文件的核心内容。可持续发展目标占据了该文件的 7 个段落，很多人认为，就逐步制定全球可持续发展目标达成一致"是此次大会最重要的政治决定之一"，因为该决定在促进制定《后 2015 发展议程》方面具有核心意义。《我们想要的未来》要求可持续发展目标具备以下特征：行动导向；言简意赅，易于传播；条目精简；高瞻远瞩；面向全球；普遍适用于各个国家，顾及各国现实、能力与发展水平，尊重各国政策。该文件还指出，制定目标的进程需要与《后 2015 发展议程》协调一致。

在 2012 年联合国可持续发展大会的协议缔结过程中，可持续发展目标的制定吸引了谈判方的高度关注。最初，各国政府在多个问题上出现分歧。例如，欧盟主张以科学为基础推进进程。但是，许多发展中国家由于在全球科学评估过程中的代表性不足，提议引入政务专家。最终各国政府达成妥协，同意制定政府之间包容透明的可持续发展目标进程，面向所有利益攸关方开放，以期制定全球可持续发展目标，最终由联合国大会通过。联合国五大区域集团提名了30位代表，组成开放工作小组，以确保"公平、公正和地域代表性均衡"。按照预期，第67届联合国大会，理应成立开放工作小组，但是有关30名代表的遴选和第一次开放工作小组会议的程序协商耗时超出预期。最终，2013年1月22日，联合国大会于第67/555号决议中最终敲定了开放工作小组的成员名单。名单包括：6个席位，由6个国家单独占据，分别是贝宁、刚果、加纳、匈牙利、肯尼亚和坦桑尼亚。9个席位，每个席位分别由两个国家共享，共享的国家有：巴哈马和巴巴多斯；白俄罗斯和塞尔维亚；巴西和尼加拉瓜；保加利亚和克罗地亚；哥伦比亚和危地马拉；墨西哥和秘鲁；黑山和斯洛文尼亚；波兰和罗马尼亚；赞比亚和津巴布韦。14个席位，每个席位分别由3个国家共享，共享的国家有：阿根廷、玻利维亚和厄瓜多尔；澳大利亚、荷兰和英国；孟加拉国、韩国和沙特阿拉伯；不丹、泰国和越南；加拿大、以色列和美国；丹麦、爱尔兰和挪威；法国、德国和瑞士；意大利、西班牙和土耳其；中国、印度尼西亚和哈萨克斯坦；塞浦路斯、新加坡和阿拉伯联合酋长国；圭亚那、海地及特立尼达和多巴哥；印度、巴基斯坦和斯里兰卡；伊朗、日本和尼泊尔；瑙鲁、帕劳和巴布亚新几内亚。最后一个席位由阿尔及利亚、埃及、摩洛哥和突尼斯4个国家共享。实际上，只有少数共享成员在进行干预时协调彼此的利益，多数国家仅从自己的利益出发。因此，开放工作小组之间的协商实际上更为"开放"，30个官方成员形同虚设，将近70个国家均热衷于可持续发展目标的制定工作。然而，这种形式有利于缓和传统的南北矛盾，至少在谈判的最后阶段，减少了以往联合国会议中常见的结盟现象，为每个国家提供了替自己发言的机会。

开放工作小组第一次会议于 2013 年 3 月在联合国纽约总部召开，肯尼亚的马查里亚·卡茂（Macharia Kamau）和匈牙利的乔鲍·克勒希（Csaba Kőrösi）当选为联合主席。前八次会议主要就各种专题交换意见和想法，会议也邀请了科学家和有关专家提供建议。漫长的盘点阶段工作为与会人员提供了多种学习机会，有助于促使可持续发展目标超越传统外交语言，引入很多新的概念。2014 年 2 月 21 日，联合主席提交了一份包含 19 个重点的文件，该文件整合了盘点阶段的讨论内容，为随后 5 个月之久的谈判阶段打下了基础。

在这些谈判中，可持续发展目标的总数在 16 至 19 之间浮动。依照"精简凝练"的要求，与会代表多次尝试减少目标数量。同时，一些由联合国资助的报告也提出了较短的目标清单。例如，联合国秘书长潘基文成立的《后2015 发展议程》高级专家小组提出了 12 个目标，而联合国秘书长建立的可持续发展解决方案网络于 2013 年 6 月提交的报告中则提出了 10 个目标。最终，开放工作小组达成一致，提出了 17 项目标，待联合国大会审议。2015年 9 月，各国领导人在联合国召开会议，审议通过了可持续发展目标（见表 4-2），旨在千年发展目标到期之后继续指导未来 15 年的全球发展工作。

表 4-2 可持续发展目标

目标	内容
1	无贫穷：在全世界消除一切形式的贫困
2	零饥饿：消除饥饿，实现粮食安全，改善营养状况，促进可持续农业
3	良好健康与福祉：确保健康的生活方式，促进各年龄段人群的福祉
4	优质教育：确保包容和公平的优质教育，让全民终身享有学习机会
5	性别平等：实现性别平等，保障所有妇女和女童的权利
6	清洁饮水和卫生设施：为所有人保障水和环境卫生并对其进行可持续管理

续表

目标	内容
7	经济适用的清洁能源：确保人人获得负担得起的、可靠的和可持续的现代能源
8	体面工作和经济增长：促进持久、包容和可持续的经济增长，促进充分的生产性就业和人人获得体面工作
9	产业、创新和基础设施：建造具备抵御灾害能力的基础设施，促进具有包容性的可持续工业化，推动创新
10	减少不平等：减少国家内部和国家之间的不平等
11	可持续城市和社区：建设包容、安全、有抵御灾害能力和可持续的城市及人类住区
12	负责任消费和生产：采用可持续的消费和生产模式
13	气候行动：采取紧急行动应对气候变化及其影响
14	水下生物：保护和可持续利用海洋和海洋资源以促进可持续发展
15	陆地生物：保护、恢复和促进可持续利用陆地生态系统，实施可持续森林管理，防治荒漠化，制止和扭转土地退化现象，遏制生物多样性的丧失
16	和平、正义和强大机构：创建和平、包容的社会以促进可持续发展，让所有人都能诉诸司法，在各级建立有效、负责和包容的机构
17	促进目标实现的伙伴关系：加强执行手段，重振可持续发展的全球伙伴关系

资料来源：联合国《2022 年可持续发展目标报告》。

三、可持续发展目标及其指标体系的特点

可持续发展目标的每一项大类目标下面都设有子目标，极大地丰富了可持续发展的内涵，对于构建更广泛、更统一、更具变革意义的《2030 年可持续发展议程》具有重要意义。虽然千年发展目标的制定汲取了联合国等国际合作成果及经验，在千年首脑会议前后也吸取了各国政府及联合国机构的意见，但 8 项简明的千年发展目标及其子目标却并非谈判的结果，其具体构想是由联合国秘书处提出的。可持续发展目标的提出则有所不同，各国政府细细掂量、频频协商两年有余，多方利益主体协商的规模或创联合国历史之最。

与千年发展目标相比，可持续发展目标涉及范围更广，目标也更加长远，具有以下鲜明的特点：（1）基于千年发展目标所取得的成就和所形成的势头，可持续发展目标的覆盖面更广，包括应对不平等、经济增长、体面工作、城市和人类住区、工业化、海洋、生态系统、能源、气候变化、可持续消费和生产、和平与正义等宏伟目标。（2）可持续发展目标具有普遍性，适用于所有国家，而千年发展目标则主要面向发展中国家。（3）可持续发展目标的核心特征之一是强烈关注执行手段，包括筹资、能力建设、技术、数据和机构。（4）可持续发展目标承认，应对气候变化对可持续发展和消除贫穷至关重要，目标 13 旨在采取紧急行动应对气候变化及其影响。

从千年发展目标到可持续发展目标，可持续发展的统计指标体系也经历了"蜕变"。早期指标体系主要关注经济与环境之间的关系，经过千年发展目标的应用实践，形成了基于经济、社会、环境三个维度及其组合的指标体系框架。可持续发展目标指标体系的全称是"可持续发展目标和 2030 年可持续发展议程具体目标的全球指标框架"，该框架采用了总目标、具体目标和指标三层结构，共包含 17 项总目标、169 项具体目标和 247 项具体指标（去除重复使用的指标后为 232 项）。

可持续发展目标的指标体系具有三大特点：（1）这是一套主题性指标体系，是对可持续发展目标的具体表达。根据《2030 年可持续发展议程》创新提出的"5P"理念——人类（people）、地球（planet）、繁荣（prosperity）、和平（peace）、伙伴关系（partnership），可以把可持续发展目标及其指标大致分为五大类：目标 1～5 归为"人的基本需求"，体现生存发展的基本需求和保障，相关指标共有 81 项；目标 6～12 归为"经济持续繁荣"，体现资源利用和社会发展、经济可持续增长，相关指标共有 86 项；目标 13～15 归为"可持续的气候和生物"，体现生态安全和环境的可持续保护，相关指标共有 32 项；目标 16 归为"社会公正和谐"，体现建设和平有序的经济社会发展环境,相关指标共有24项;目标17归为"全球合作",从筹资、技术等方面体现实现可持续发展目标的执行手段,相关指标共有24项。通过这种归类方法,能够体现出可持续发展目标及其指标的功能所向。(2)这套指标体系涵盖经济、社会、环境三个维度以及人口与科技两大关键要素。(3)这套指标体系涵盖多种形式。尽管有些总量指标,如有国家数量、产品补贴或研发金额等,但更多的是结构指标、平均指标、动态指标及一些体现差异和强度的比较类指标,如各种体现人口比例的指标,以人口为基数计算的人均指标,以GDP为基数的各种比值,以及各种体现覆盖度、密度与分布的指标。从数据来源看,大部分指标属于政府统计范围内的调查指标,但也有相当多的指标不在传统统计调查范围之内,比如,那些衡量政策、法律、治理体系的指标。也就是说,这些指标不仅仅是一般的描述性指标,而是具有特定目的的监测和评价指标。它们确实要以政府统计为数据来源,但又不限于传统政府统计,而是要以可持续发展目标为主旨,进行相应的选择和深度加工后形成带有评价性质的指标。

可持续发展的17大类目标、169个具体子目标之间存在重叠,交叉,甚至矛盾之处,这涉及分类的科学性。可持续发展目标似乎更像一个大致同等重要的优先事项的集合,而不是一个层次分明的结构化体系。因此,若没有任何其他更清晰明显的线索,从各目标出现的顺序可大致推断出其相对重要性,一开始就列出的目标可能会被认为比最后出现的目标更重要,如目标1——无贫困。此外,可持续发展目标也没有明确指出经济、社会、环境这三个维度各自应该如何服务于可持续发展。

北京师范大学傅伯杰等人应用网络分析方法,基于《可持续发展报告2020》发布的166个国家的可持续发展目标数据,沿可持续目标的指数梯度建立可持续发展目标相互作用网络,进而分析相关网络指标、网络关键节点,以及协同网络中可持续发展目标聚类随可持续发展进程的变化,试图回答以下问题：（1）随着可持续发展水平的提高，可持续发展目标之间的相互作用是否变化及如何变化？（2）哪些可持续发展目标与其他可持续发展目标更相关，其联系如何随可持续发展水平而变化？（3）哪些可持续发展目标倾向于共同实现，这些聚类如何随可持续发展水平而变化？

研究表明，随着可持续发展整体水平的提高，可持续发展目标之间的相互作用呈现出非线性变化，不同目标先解耦又重新耦合。在较低和较高的可持续发展水平上，可持续发展目标之间的正负相关关系均较为紧密，但在中等可持续发展水平上，相关关系较少，可持续发展目标聚集成更孤立的正相关模块。在可持续发展目标间相互作用的非线性变化过程中，各可持续发展目标在相互作用网络中的重要程度发生了变化。在协同网络中，目标3——良好健康与福祉、目标9——产业、创新和基础设施、目标16——和平、正义和强大机构，以及目标6——清洁饮水和卫生设施一直起着相对主导的作用。目标4——优质教育、目标1——无贫穷和目标7——经济适用的清洁能源在低可持续发展水平上较为重要。而目标8——体面工作和经济增长和目标5——性别平等在高可持续发展水平上较为重要。在权衡网络中，目标12——负责任消费和生产和目标13——气候行动通常与其他可持续发展目标之间存在权衡关系，特别是在高可持续发展水平上。而目标15——陆地生物及目标14——水下生物在低可持续发展水平上与其他可持续发展目标之间存在权衡关系。

这项研究揭示了可持续发展目标之间的相互作用随可持续发展进程的非线性变化，可以确定可持续发展的关键转型阶段，明确处于不同可持续发展水平的国家所面临的机遇和挑战。在深入理解可持续发展进程的基础上，这项研究为不同发展阶段的国家指明了具体的行动方向，有助于在2030年前实现尽可能多的可持续发展目标。

可持续发展概念本身就反映出一种颇具创意的模糊性，尝试把经济、社会与环境三个维度的目标整合起来，也体现了自1992年里约首脑会议以来20多年的全球谈判和妥协成果。可持续发展目标明确声称要"整合"与"平衡"经济、社会、环境目标并确保三者之间的"相互联系"，但又都回避了实践中可能会产生的政治争论，所以，这就引发了各方对于能否达成一致议程的质疑。例如，可持续发展目标8呼吁"持久"和"可持续"的经济增长与就业，但并未提及地球边界。此前各方已努力尝试在有关"增长"目标的协商中引入地球边界的概念，相应发展目标也提及要保护自然资源或者说实现不同维度的可持续发展政策的统一。

《2030年可持续发展议程》已经开始实施，为衡量和评估全球可持续发展目标执行情况，从2016年开始，每年联合国都会依据指标体系所得数据来发布《全球可持续发展目标报告》，用数据反映各方进展及存在的问题。具体工作包括：由国际组织按照现有职能和渠道收集、处理、汇总各国数据，并由联合国统计司管理维护一个全球可持续发展目标指标数据库，编制年度监测报告以反映全球可持续发展目标的实施进展，但只发布区域而非国别情况。从2015年起，联合国可持续发展解决方案网络（Sustainable Development Solutions Network, SDSN）与贝塔斯曼基金会提出，要进一步开发可持续发展目标指数和指示板（SDG Index and Dashboards），通过计算可持续发展目标指数测量国别层面的表现，并发布全球报告。

参考文献

1. 蟹江宪史，弗兰克·比尔曼.日新为道：通过可持续发展目标促进治理创新[M].关成华，译.北京：北京师范大学出版社，2021.

2. Easterly, William. How the millennium development goals are unfair to Africa[J]. World Development, 2009, 37(1).

3. High-level panel of eminent persons on the post-2015 development agenda. A new global partnership: eradicate poverty and transform economies through sustainable development[R]. New York: United Nations. 2013.

4. Saith, Ashwani. From universal values to millennium development goals: lost in translation[J]. Development and Change, 2006, 37(6).

5. UNGA. The universal declaration of human rights[R]. UN Doc. 217 A(III), 1948.

6. UNGA. International development strategy for the second united nations development decade[R]. UN Doc. A/RES/25/2626, 1970.

7. UNDP. Human development report[M]. New York; Oxford: Oxford University Press. 1997.

8. UN. Report of the open working group of the general assembly on sustainable development goals[R]. UN Doc. A/68/970, 2014.

9. Wu, X., Fu, B., Wang, S., et al. Decoupling of SDGs followed by re-coupling as sustainable development progresses[J], Nature Sustainability, 2022(5).

第五章

乘时乘势：可持续发展面临的挑战和机遇

距离《变革我们的世界：2030 年可持续发展议程》设定的各项可持续发展目标完成期限只有不到 10 年的时间。在这样的关键时刻，有必要审视全球可持续发展成效，识别挑战并发现机遇，从而让各国各界坚定信心，乘时乘势，采取有效政策措施，走可持续发展之路，确保这个蓝色星球的未来依然可期。

本章将第四章表 4-2 中的目标 1、目标 2、目标 8、目标 9、目标 11、目标 12 归入经济维度，将目标 3、目标 4、目标 5、目标 10、目标 16、目标 17 归入社会维度，将目标 6、目标 7、目标 13、目标 14、目标 15 归入环境维度，并主要基于《2022 年可持续发展目标报告》[①] 和《2022 年可持续发展报告——从危机到可持续发展：SDGs 目标作为面向 2030 及未来的全球发展路线图》[②] 分别剖析这三大领域面临的挑战和机遇。

一、经济维度

世界经济增长前景不容乐观。1997 年，亚洲爆发金融危机。2008 年，

[①] 联合国经济和社会事务部编写了本报告，更多信息参见 https://unstats.un.org/sdgs。

[②] 本报告由联合国可持续发展解决方案网络发布，详细内容参见中国科学院兰州文献情报中心 2022 年第 11 期《资源环境科学动态监测快报》。

美国金融海啸导致全球实体经济衰退。2018年，美国总统唐纳德·约翰·特朗普（Donald John Trump）率先宣布对进口自中国的钢铝产品征收25%的进口关税，全球经济体量最大的两个国家爆发贸易战，双边关系至今未见实质性改善。2019年，新型冠状病毒感染疫情（以下简称新冠疫情）严重冲击供应链、产业链，工厂倒闭，工人失业，旅游受限，消费低迷，预期转弱。2022年春，俄罗斯与乌克兰之间爆发的军事冲突引发全球粮食和能源价格飙升，几乎所有国家都面临着严峻的通货膨胀。2022年2月28日，俄罗斯中央银行决定将利率从9.5%提高到20%，以期抑制卢布贬值及高通货膨胀。俄罗斯中央银行及财政部还下令，当地企业出售80%的外汇收入。当天，卢布暴跌26%，欧洲天然气开盘暴涨33%。2022年下半年，为应对通货膨胀，美国率先加息，随后多国相继效仿，全球经济衰退的风险进一步增加。美国加息直接吸引资本流入，在当前全球资本自由流动的大环境下，如果一国加息而另一国不动或降息，那么，受逐利本性驱使，资本就会往利息高的国家或地区流动。从这个意义上而言，美国加息又是一场"薅羊毛"的资本运动，让全球资本向美国回流，而资本流出国的产业链、供应链、价值链都会受到冲击，这或将是一个很严峻的问题。世界银行2025年1月发布的《全球经济展望》报告印证了这一担忧，指出虽然全球通货膨胀压力和利率水平正在回落，但发展中经济体仍面临持续的增长压力。报告显示，随着全球通货膨胀压力和利率水平逐步回落，预计2025—2026年全球经济将保持2.7%的温和增长，与2024年增速持平。尽管如此，这一预测意味着全球经济增长率仍将比2010—2019年平均水平低0.4个百分点。这既反映了近年来不利冲击的长期影响，也反映了增长基本动力的结构性衰退。因此，世界银行呼吁各国政府实施有效的经济增长策略，进行全面和广泛的改革，以推动经济可持续发展。

　　从可持续发展目标来看，经济维度主要涉及目标1、目标2、目标8、目标9、目标11和目标12，接下来分别介绍这些具体目标的现状。

目标1：无贫穷。新冠疫情使全球过去几年来在减贫方面取得的进展化为乌有，再加上通货膨胀及俄乌冲突等因素，可能会进一步阻碍减贫工作。仅从目前来看，世界已偏离了到2030年消除贫困的轨道。2015—2018年，全球贫困人口继续历史性下降，全球贫困率从2015年的10.1%下降到2018年的8.6%。但自2019年开始，受新冠疫情影响，全球极端贫困率从2019年的8.3%上升至2020年的9.2%，这是1998年以来极端贫困首次增加，也是1990年以来最大的一次增长。2020年，全球约800万劳动者陷入贫困，只有47%的全球人口得到了社会保障的现金福利。与灾害有关的死亡人数上升了6倍，主要原因是新冠疫情。2020年全球灾害死亡率为每10万人5.74人，与2015—2019年的灾害相关死亡率平均为每10万人0.93人形成了强烈对比。其他灾害（除新冠疫情外）造成了165.5亿美元的直接经济损失，其中41%（68亿美元）是农业部门的损失，38%（62亿美元）是重要基础设施损毁所致的损失。

不过也要看到，绝大部分国家都推行了新的社会保障措施以应对各种危机。例如，为应对新冠疫情，全球211个国家和地区共推出了高达1900项社会保障措施，其中，大约39%是直接面向弱势人群的，26%与收入和失业保障有关，这体现了社会救助和失业救济在应对危机上的重要性。同时，越来越多的国家采取减少灾害风险的国家策略，这也是一项重大进展。截至2021年年底，全球123个国家报告称已经落实了这类策略，与2015年只有55个国家相比，明显增多。

目标2：零饥饿。世界正处于全球性粮食危机的边缘，甚至在新冠疫情之前，就有越来越多的人经历饥饿和粮食不安全的问题。日益加剧的冲突、新冠疫情、气候相关的冲击和不平等的不断扩大等多因素叠加，使得全球粮食供应系统已遭到部分破坏，世界偏离了"到2030年实现零饥饿"的轨道。2014—2019年，面临粮食危机的人数逐年上升，新冠疫情使已经恶化的局势雪上加霜。截至 2021 年，面临饥饿的人数可能多达 8.28 亿，比 2019 年多出 1.5 亿。换言之，估计全球每 10 人中就有 1 人在遭受饥饿。此外，2021 年，全球近三分之一的人口（惊人的 23 亿人）处于中度或严重粮食不安全状态，这意味着他们无法定期获得充足的食物。这一数据仅在一年内就增加了近 3.5 亿，其中增幅最大的地区是撒哈拉以南非洲，其次是中亚和南亚，以及拉丁美洲和加勒比地区。此外，由于乌克兰和俄罗斯联邦供应全球葵花籽产品出口的 80%、小麦出口的 30%、玉米出口的 20%，俄乌冲突进一步损及全球粮食供应链的安全和稳定，造成了自第二次世界大战以来最大的全球粮食危机。

2020 年，全球 22% 的 5 岁以下儿童（约 1.492 亿人）发育不良（相对所处年龄段身高偏低），比 2015 年的 24.4% 有所下降。2022 年 3 月，全球粮食价格比去年同期高出近 30%，达到历史最高点，但随后的两个月里价格有所回落。

目标 8：体面工作和经济增长。受新一波新冠疫情、上升的通货膨胀压力、重大供应链中断、政策不确定性和持续性劳动力市场挑战等因素的阻碍，全球经济复苏仍显困难和脆弱。此外，俄乌冲突也将严重拖累全球经济增长。2020 年全球实际人均 GDP 大幅下降 4.4%。2015—2019 年，全球每名工人的产出以年均 1.6% 的速度增长。2020 年，每个工人的产出下降了 0.6%，这是自 2009 年以来的首次下降。2015—2019 年，"啃老族"比例一直保持在 21.8%，但在 2020 年增加到 23.3%，增加了近 2000 万年轻人。

2021 年全球劳动生产率大幅反弹，上升了 3.2%，失业率有所改善，略降至 6.2%。发达经济体正在经历较强劲的复苏。全球人均实际 GDP 预计在 2022 年增长 3%，在 2023 年增长 2.5%。大多数地区都在制定和实施更多国家青年就业战略。在 2021 年提交报告的 81 个国家中，超过一半的国家已经实施此类战略，而略低于三分之一的国家已经制定了战略。

目标 9：产业、创新和基础设施。新冠疫情凸显了工业化、科技创新和具备韧性的基础设施在重建更美好家园和实现可持续发展目标中的重要性。拥有多元化工业部门和强大的基础设施（如交通运输、互联网连接和公用事业服务）的经济体遭受的损失较小，并且正在经历更快的复苏。然而，各国之间的复苏仍然不均衡，最不发达国家落在后面。航空客运业仍在努力填补惨重的损失。2020 年，航空旅客总数为 18 亿人次，比上一年减少 60%。座位容量下降了一半，使空中交通总量降至 2003 年以来最低水平。2020 年，航空业的财务亏损总计达到 3700 亿美元，机场和空中航行服务供应商分别还亏损 1 150 亿美元和 130 亿美元。2021 年，全球航空客运量温和复苏，但相比 2019 年的 45 亿人次，仅有 23 亿人次，导致 2021 年财务亏损达3240 亿美元。信贷或其他支持的缺失对小型企业造成了致命打击，许多小型企业倒闭，只有大约三分之一的小型制造企业受益于贷款或信贷额度。

全球制造业已有所恢复。全球制造业生产在 2020 年下降了 1.3% 之后，2021 年增长了 7.2%，超过了疫情前的水平。全球制造业增加值（Manufacturing Value Added, MVA）占国内生产总值（GDP）的份额从 2015 年的 16.2% 增至 2021 年的 16.9%。总体而言，高技术产业表现较好，复苏较快，较之于低科技产业而言，其在危机中的韧性高得多，这也为科技创新在实现目标 9 中的重要作用提供了一个强有力的例证。

目标 11：可持续城市和社区。目前全球一半以上的人口生活在城市地区，据估计，到 2050 年有 70% 的人口很可能会生活在城市地区。城市是经济增长的动力，对全球国内生产总值的贡献超过 80%。但是，城市排放的温室气体占全球排放总量的 70% 以上。如果规划和管理得当，城市发展可以具有可持续性，并且可以带来有包容性的繁荣。然而，快速且规划不当的城市化带来许多挑战，包括可负担住房的短缺、基础设施（如公共交通和基本服务）不足、休憩空间有限、空气污染严重，以及气候和灾害风险增加。到 2020 年，贫民窟居民数量已经超过 10 亿人。2020 年全球 1510 个城市的数据表明，平均只有约 37% 的城市地区有公共交通服务。2022 年，全球城市平均城市固体废物收集率为 82%，其中受控设施管理的平均城市固体废物收集率为 55%。

全球 PM2.5 的浓度稳步下降，十年来降低了 11%。越来越多的国家认识到空气污染对人类健康的威胁并明确测量和通报空气质量水平的重要性。目前，在 117 个国家中，已经有超过 6000 个城市建立了空气质量监测系统，这一数量创下历史新高，是 2015 年的两倍。

目标 12：负责任消费和生产。不可持续的消费和生产模式是气候变化、生物多样性减少和污染这三重地球危机的主要原因，威胁着人类的福祉和可持续发展目标的实现。如果我们继续沿着当前的发展道路上走下去，地球有限的资源将无法维持当代和后代人类的生计。各国每天都在损失或浪费大量粮食。2020 年，全球粮食在收获后至零售市场前的损失比例为 13.3%，主要涉及收割、运输、储存、加工环节，17% 的粮食在消费过程中被浪费，范围涵盖房屋、杂货店、家庭和餐馆。对自然资源的日益依赖使地球朝着不可持续的方向发展。国内物质消耗量衡量的是一个经济体为满足国内外商品和服务需求而直接使用的物质总量。2000—2019 年，全球国内物质消耗总量增加了 65% 以上，2019 年达到 951 亿吨。这相当于平均每人消耗了 12.3 吨。这一增长的主要驱动因素在于人口密度增加、工业化，以及物质密集型生产从发达国家向发展中国家的外包。与此同时，对自然资源依赖性的增加也加剧了脆弱的生态系统所面临的压力，并最终影响到人类健康和经济。世界上绝大部分电子废弃物未被安全处理。2019 年，全球人均产生的电子废弃物数量为 7.3 千克，其中只有 1.7 千克以无害环境的方式得到了安全处理（即所有有害物质都被拆解并充分处理，且可回收材料被回收）。

在过去十余年中，发展中国家利用可再生能源发电的能力迅速增强，人均发电量从 2011 年的 109.7 瓦上升到 2020 年的 245.7 瓦，超过了人口增长的速度。可再生能源占这些国家总发电能力的三分之一以上（36.1%）。对煤炭、石油、天然气和其他化石燃料的补贴对环境和人类健康造成了一系列不利影响，包括空气污染、水污染到气候变化等。这些补贴是阻碍世界向可再生能源过渡的最大财政障碍。2015—2020年，发展中国家可再生能源的复合年均增长率为9.5%。2020年，各国政府为补贴和对化石燃料的其他支持支出了3750亿美元，比2019年的5260亿美元有所减少。

二、社会维度

依据联合国开发计划署（United Nations Development Programme, UNDP）2022年9月发布的《人类发展报告》，全球超过90%的国家因多重危机影响而面临发展困境。世界正从一个危机走向另一个危机，深陷"四处灭火"的恶性循环。报告警告说："如果不立即改弦易辙，世界将发生更多的贫困和不公正。"好消息是，国际社会越来越重视边缘群体和弱势群体，保护妇女儿童权益，推动扶贫脱贫，改善教育质量，并促进社会公正。

从可持续发展目标来看，社会维度主要涉及目标3、目标4、目标5、目标10、目标16、目标17，接下来分别介绍这些具体目标的现状。

目标3：良好健康与福祉。新冠疫情持续对全球民众的健康和福祉构成挑战，阻碍了目标3的进展，并已严重破坏了基本健康服务，引发焦虑症和抑郁症发病率的上升，降低了全球预期寿命，降低了免疫接种率，使消除艾滋病病毒、结核病和疟疾的进程减缓，并使二十年来促进全民健康覆盖的工作中断。

在全球范围内，2015—2021年，据估计全球有84%的分娩是在技术熟练的医护专业人员，包括医生、护士和助产士的协助下完成的。这一比例较2008—2014年的77%有所提高。2015—2020年，全球5岁以下儿童的死亡率下降了近14%——从每1000名活产婴儿中有43例死亡降至37例死亡。同样，新生儿期（即出生后 28 天内）的儿童死亡率在同一时期下降了近 11%——从每 1000 名活产婴儿中有 19 例死亡降至 17 例死亡。

目标 4：优质教育。新冠疫情加深了全球教育危机，严重扰乱了世界各地的教育系统。学校关闭对儿童的学习和身心健康产生了令人担忧的后果，尤其是包括残障儿童、农村儿童和少数民族儿童在内的女孩和弱势儿童。对于身处危机中的儿童来说，教育是一道生命线。据估计，2020—2021 年，有 1.47 亿儿童错过了一半以上的面授教学时间。因此，这一代儿童可能会损失总共 17 万亿美元的终身收入（按现值计算）。从学前教育到大学阶段，约有 2400 万名学生面临不返回学校继续接受教育的风险。从全球角度看，学校的基础设施远未普及。2019—2020 年，全球约有四分之一的小学无法获得电力、饮用水和基本卫生设施等基本服务。至于其他设施，如计算机设施和提供适合残疾人的基础设施，这一数字要低得多，只有大约 50% 的小学能够使用这些设施。

2015—2019 年，在大多数高收入国家，初中毕业时达到最低阅读能力要求的儿童的比例为 70%～90%。2020 年，四分之三的儿童在正式进入小学的前一年会参加某种形式的有组织学习。

目标 5：性别平等。世界尚未步入 2030 年实现性别平等的正轨，而新冠疫情对社会和经济造成的影响使局势变得更加不利。妇女和女童受到的影响格外严重。2021 年，全球约五分之一（19%）的年轻女性在童年时期结婚，这种现象在撒哈拉以南非洲最普遍。保护妇女的土地权和财产权仍任重道远。拥有土地，特别是农业用地的权利，能够减轻妇女对男性伴侣和亲属的依赖。然而，36 个国家 2009—2020 年的数据显示，在 30 个国家中，只有不到一半的妇女和男子拥有对农业用地的所有权或有保障的使用权。其中，在几乎一半的国家中，男性拥有土地所有权的比例是女性的 2 倍。性别平等的政策和法律框架对于保障妇女的土地权至关重要。但是，在发表报告的 52

个国家中，只有 15 个在其法律框架中包含足够的条款，能较好地保护妇女在此方面的权利。

女性逐渐能够在政治和经济领域获得领导职位。截至 2022 年 1 月 1 日，全球各国议会的单院或下院中，女性比例达到了 26.2%，与 2015 年的 22.4% 相比有所增长。女性在地方政府的比例略高于三分之一。

目标 10：减少不平等。2021 年，全球难民人数达到了有记录以来的最高绝对数量。由于战争、冲突、迫害、侵犯人权和严重扰乱公共秩序的事件而被迫逃离自己国家的人数已增至 2450 万人，全世界每 10 万人中就有 311 人是在国外的难民，这比 2015 年（每 10 万人中有 216 人）增加了近 44%。可悲的是，这一年的移民死亡人数也创下了历史新高，国际移民组织的失踪移民项目记录了 2021 年全球移民过程中有 5895 人死亡，超过了疫情前的数字，使其成为 2017 年以来移民死亡人数最多的一年。与此同时，俄乌冲突迫使更多的人背井离乡。新冠疫情加剧了收入不平等，2017—2021 年国家间的不平等上升了 1.2%。更糟糕的是，这种不平等的加剧可能并非短期现象，因为疫情对教育的破坏和对低收入家庭的超比例负面影响可能有损于代际流动性。同时，高企的通货膨胀和激增的公共债务数额可能会限制各国支持这些弱势群体的能力。

在新冠疫情之前，许多指标显示全球收入差距正在缩小。例如，在很多国家，最贫困人口的收入增长快于全国平均水平。但疫情似乎导致形势有所恶化，加剧了结构性和制度性歧视。

目标 16：和平、正义和强大机构。全球出现了自 1946 年以来数量最多的暴力冲突，世界和平的呼声越来越高。根据联合国的记录，2021 年至少有 13842 人死于世界上最剧烈的 12 场武装冲突，其中有 11075 名平民，八分之一是妇女或儿童。截至 2020 年年底，全球有四分之一的人口生活在受冲突影响的国家。截至 2022 年 5 月，全世界有 1 亿人口不得不背井离乡，其中有 41% 为儿童。战争和冲突的代价很高，对穷人和弱势群体的影响最大。世界各地的企业都面临腐败引起的障碍和不公平竞争，这不利于国家经济的可持续发展。在全球范围内，几乎每 6 家企业中就有 1 家面临政府官员索要贿赂的情况，这种现象在涉及水电连接、施工相关许可证、进口许可证、经营许可证及与税务官员会晤的交易中最为常见。

全球 2021 年与冲突相关的平民死亡人数较 2020 年下降了 17%，较 2015 年下降了 69%。在公共场所感到不安全会从根本上削弱一个人的幸福感，降低其信任感和社区参与度，因而成为发展的一大障碍。全球平均约 69% 的人口表示他们夜间在居住区附近独自行走时感到安全，这一比例 2016—2021 年一直保持稳定。2015—2020 年，全球凶杀率下降了约 5%，从每 10 万人中有 5.9 起凶杀案降至 5.6 起。

目标 17：促进目标实现的伙伴关系。2021 年，虽然发展中国家可持续发展目标相关部门的国际投资增长了 70%，然而，在发展中国家可持续发展目标的总投资中，最不发达国家所占比例从 2020 年的 19% 降至 2021 年的 15%。此外，发展中国家还在努力应对创纪录的通货膨胀、利率飙升及迫在眉睫的债务负担。由于需要优先办理的事项很多且财政回旋余地有限，许多国家的经济复苏面临重大挑战。

官方发展援助创历史新高。2021 年经济合作与发展组织发展援助委员会成员国的官方发展援助净额为 1776 亿美元，占 2020 年各捐助国国民总收入总和的 0.33%。全球外国直接投资和汇款流量也出现了强劲反弹，2021 年高达 1.58 万亿美元，较 2020 年增长了 64%。

三、环境维度

能源短缺和气候变化是 21 世纪人类社会面临的重大挑战。自第二次世界大战之后，石油取代煤炭成为占据统治地位的能源形式，这一取代过程大约用了一个世纪的时间。1850 年以前，石油的供应仅限于地表的原油。中国宋代科学家沈括在其《梦溪笔谈》中将石油称作"黑金"，因为早期石油是黑色黏稠液体，分布在地表浅层，易于挖掘，主要用于照明。当时，人们并没有过多关注石油这种能源形式，也不会想到它后来可以发展成人类社会的主导能源形式。美国内战前夕，克尔石油公司的广告语是："快点！再晚的话，这个美妙的产品就要从自然实验室中耗尽了。"克尔石油公司认为，如果消费者再不购买石油，石油就要从大自然中消失。虽然这只是当时的一句广告语，但至少表明人们已经开始使用稀缺能源的概念了。

1859 年，在宾夕法尼亚州的泰特斯维尔镇，埃德温·德雷克（Edwin Drake）成功钻探了第一口商业化油井，世界石油工业由此发端。1874 年，宾夕法尼亚的地质学家预测美国石油仅够用 4 年。1973 年，第四次中东战争爆发，阿拉伯国家利用石油作为武器对抗西方大国，大幅提升油价，从每桶 3.01 美元升到每桶 10.65 美元，导致全球经济衰退，危机持续了三年，多个发达国家经济遭受重创，美国工业生产下降了 14%，日本工业生产下降了超过 20%，而中东阿拉伯国家却因此增强了经济实力。

为应对可能出现的新的石油危机，1974 年 2 月，主要石油消费大国召开会议，决定成立能源协调小组以指导和协调与会国的能源工作。同年 11 月，经济合作与发展组织成员国在巴黎通过了关于建立国际能源署（International Energy Agency, IEA）的决定。成员国随后举行了首次工作会议，签署了《国际能源机构协议》并开始临时工作。1976 年 1 月 19 日，该协议正式生效。

1977 年，美国吉米·卡特（Jimmy Carter）总统在能源危机演讲中警告美国的能源依赖问题，呼吁加大能源节约和推动可再生能源的发展，强调如果不采取行动，美国将面临能源短缺的风险。然而，1985 年全球油价大跌，石油供给过剩。2009 年奥巴马执政时期，美国页岩革命取得巨大成功，实现了几代人期盼已久的"能源独立"的"美国梦"。技术进步在一定程度上的确可以缓解资源能源稀缺问题。1947 年美国钢铁协会主席查尔斯·怀特（Charles White）认为明尼苏达州的铁矿石只够用 5～7 年，但出人意料的是，1955 年美国新闻报道认为民众不需要再担心铁矿石的稀缺性问题了。为什么前后只相差 8 年就会出现这么大的反差？美国铁矿石的稀缺性问题是如何得到解决的？诀窍在于技术进步，团矿或颗粒化技术使得铁矿石开采成本大幅下降，原来难以开采的、较为劣质的铁矿石也具备了开采的经济可行性。1980 年，美国生态学家保罗·艾瑞克（Paul Ehrlich）和经济学家朱利安·西蒙（Julian Simon）围绕资源稀缺性问题互相打赌：艾瑞克当时选择了 5 种资源商品（铜、镍、铬、锡、钨），这些是常见的生产原材料。艾瑞克从西蒙那里买了 200 美元期货合同，如果这 5 种商品的价格上升，西蒙就把钱付给艾瑞克；如果价格下跌，艾瑞克就要付钱给西蒙。10 年以后，艾瑞克向西蒙支付了 576 美元的支票，每种资源商品的实际价格都下降了。

石油峰值理论之父——马里奥·金·胡伯特（Marion King Hubbert）是一位地质学家，他长期担忧增长的自然极限。胡伯特于 1956 年首次提出了关于石油耗竭的警告，比著名的《增长的极限》还要早。他一生都在强调增长的自然极限，直到 1989 年去世。无论是在其得州胡伯特地壳实验室的同事们中，还是他所在的地质学家圈，他都成了一个局外人。多数学者对能源短缺的形势相对乐观，认为并不存在绝对的能源短缺，而胡伯特的石油峰值理论模型预测被认为不符合现实。他们认为通过技术进步和价格波动，人类可以开发新的可替代能源，开采此前性价比不高的能源。不过，仍可能随时出现能源短缺，这并非仅因为其自身的稀缺性，而是受相关政策的影响，例如实现碳中和以应对气候变化，或受企业技术变化及消费者偏好变化等因素的影响。各个国家的政策限制，使得石油公司停产或主动减产，不再勘探开采，石油资源被深埋于地下。人们偏好的变化也会导致消费心理和行为变化，进而倒逼生产企业转型。2022 年 9 月，全球最大石油企业沙特阿美（Aramco）总裁兼首席执行官阿明·纳赛尔（Amin Nasser）公开警告称：由于传统能源领域长期投资不足，2014—2021 年全球油气投资的总额从7000 亿美元下滑至 3000 亿美元，2022 年虽然有所回升，但还是不足。等到全球经济进入复苏轨道时，势必会带来一轮（原油）需求反弹，彻底消灭目前市场上仅存的闲置产能。等到世界意识到有这个"盲点"时，一切都太晚了。俄乌冲突无疑加剧了能源危机的影响，但并非根本原因，即便冲突立刻停止，这场能源危机也不会止步于此。一系列西方国家正在为提前关闭燃油和火电厂而付出代价，其计划就像海滩上用沙子堆的城堡一样，被一波又一波现实的浪潮冲走。为此，全球数十亿人将面对获取能源和生活成本上升的困难，而且危机可能会非常严重且持久，特别是欧洲将面临一个"更寒冷、更困难的冬天"。

气候变化不仅是科学问题、环境问题，还是能源问题、经济问题和政治问题。积极减缓和应对气候变化已经刻不容缓。气候变化是指长时期内气候状态的变化，通常用不同时期的温度和降水等气候要素统计量的差异来反映。变化的时间长度从最长的几十亿年至最短的年际变化不等。气候变化不但包括平均值的变化，也包括速度和频率的变化。在政府间气候变化专门委员会（Intergovernmental Panel on Climate Change, IPCC）的定义中，气候变化是指气候随时间的任何变化，无论其原因是自然变化，还是人类行为活动的结果。这有别于《联合国气候变化框架公约》（United Nations Framework Convention on Climate Change, UNFCCC）中的定义。在 UNFCCC中，气候变化是指经过相当一段时间的观察，由人类活动直接或间接地改变全球大气组成所导致的气候改变。UNFCCC 第一条明确将因人类活动而改变大气组成的"气候变化"与自然原因引起的"气候变化"区分开来。气候变化主要表现为三个方面，即气候变暖、酸雨和臭氧层破坏。其中，气候变暖是人类社会面临的最迫切问题。

2010年前后，关于气候问题的争论非常激烈。主流气候科学家和有共鸣的圈外人，共同反对持气候怀疑论调的博主及其网站和博客，结果出现了各种博客和网站间互相斗争的不和谐局面。例如，斯蒂夫·迈克因特尔的气候怀疑论网站就受到了一个反气候怀疑论网站有针对性的攻击。在气候变化网络集群的前50个节点中，有25个被气候怀疑论网站主导，其中20个是博客。气候怀疑论看似更权威，在媒体和公众中发声也更频繁，但实际上，赞同气候怀疑论的气候科学家只占2%～3%。与他们的同事相比，这些科学家往往发表更少，被引用的频次也更少，但媒体对他们的关注度却很高，甚至高过那些赞同气候变暖的科学家，后者约占全部气候科学家的97%～98%。在美国等盎格鲁-撒克逊国家，气候变化已成为文化战争中的一个核心争议点，也是倡导自由市场理念的保守派和呼吁国家干预的自由派激烈对抗的政治角逐热点。出人意料的是，在气候变化网络集群的前50个节点中，最重要的中心网站并不是IPCC，IPCC仅排名第10，落后于各类博客。较为流行的博客是scienceblogs.com和realclimate.org，它们排名最为靠前。这些博客拥有的网民最多，占据了前50个节点中的25个。其中，一些博客会发布一些主流观点和看法，而另外一些则主要驳斥和揭露气候怀疑论者的观点。在气候变化网络集群的前50个节点中，只有39个主要传播关于气候变化的主流观点，《自然》杂志和《科学》杂志占据重要地位，但在气候变化领域，它们的重要性不如维基百科。

从气候变暖的一般趋势来看，地区差异较为显著。根据气候变化的一般经验法则，大陆地区的变暖程度通常高于近海或海洋地区，特别是北极地区，其变暖程度可能是全球平均水平的2倍。然而，也存在一些例外情况，比如北大西洋中某一小块地区的气候变暖可能会被墨西哥湾暖流的温度下降所抵消。在那些拥有重要三角洲但大多未受保护的发展中国家，诸如孟加拉国、越南或埃及，海平面哪怕上升半米都会带来巨大的压力。对于低洼的小岛国，气候变化能够瞬间摧毁他们的整个国家和文化。尽管这些地区居住人口较少，诸如马尔代夫，但由于处于低洼地区，它们面临着海平面上升和极端天气事件的直接威胁，这些因素将严重影响居民的生活。

专栏 5.1　格陵兰岛冰川加速融化或使 2100 年全球海平面上升约 30 厘米 [①]

格陵兰冰川是仅次于南极冰川的全球第二大冰川，冰川覆盖全岛面积的 80%。全球气候变暖导致格陵兰岛夏季延长的同时，同时也加速了其冰川的融化。2021 年，联合国政府间气候变化专门委员会的报告曾预测，到 2100 年，格陵兰岛冰川融化将导致海平面上升 6 厘米至 13 厘米。2022 年 8 月 29 日，在线发表于国际顶级学术期刊《自然》杂志子刊《自然——气候变化》上的一份研究报告显示，格陵兰岛不断融化的冰层将最终使全球海平面上升至少 27 厘米，极端状况下甚至达到 78 厘米。

这一结论大大超出了先前预测。之所以如此，是因为一种叫作"僵尸冰"的东西。据该项研究的作者之一、丹麦和格陵兰地质调查局冰川学家威廉·科尔根（William Colgan）介绍，"僵尸冰"虽然依旧附着于较厚的冰层上，但由于其母冰川接收的降雪更少，不再能够补充"僵尸冰"，得不到补充的"僵尸冰"将不可避免地融化，并抬高海平面。"这是死冰，将会融化并从冰盖上消失。"科尔根在接受采访时说，不管人类现在采取何种气候方案，这些冰终将归于大海。这项研究的主要作者杰森·鲍克斯（Jason Box）称，这一研究结论"差不多相当于一脚踏进

---

① 主要来源：Zombie Ice from Greenland Will Raise Sea Level 10 Inches, US News, https://www.usnews.com/news/business/articles/2022-08-29/zombie-ice-from-greenland-will-raise-sea-level-10-inches，访问日期：2024-01-01。

了坟墓"。研究者利用卫星测量了2000—2019年格陵兰冰川的形状并估算了期间的冰川损失。他们通过关注雪线的变化来实现这一点，雪线是格陵兰岛冰原上在夏季融化区和未融化区之间的界限。一个特别温暖的夏天可能会把雪线推向更高的海拔，使更多的冰暴露在融化条件下，而一个更冷的冬天可能会使它再次回落。据研究预计，到2100年，3.3%的格陵兰冰川将融化，体积约110万亿吨，全球海平面或将升高近1英尺（约30厘米），是此前预测值的两倍多。他们还警告称，即使全球立即停止燃烧化石燃料、停止排放温室气体，冰川融化也难以避免。此前研究曾经表明，如果格陵兰冰川全部融化，全球海平面或将上升约7米。自1880年以来，全球海平面已经上升了21厘米至24厘米。

全球海平面上升30厘米可能会对沿海地区造成严重影响，预计将有2亿人被迫搬迁，给世界各地沿海社区带来一系列新的风险，包括海岸线侵蚀，桥梁、海滨公寓等基础设施的破坏，野生动物栖息地受损，以及更频繁的洪水。

"这还是保守估计，我们更可能看到这个数字在本世纪内增加一倍以上。"杰森·鲍克斯说，"可预见情况下，全球变暖只会继续下去，格陵兰冰盖对海平面上升的贡献只会继续增加。当我们把2012年的极端融化年作为本世纪晚些时候假设的平均恒定气候时，格陵兰冰原预想的质量损失将增加了一倍多，使全球海平面上升78厘米。"

气候变化及其严重影响已在各界达成基本共识。南亚正遭受气候变化的影响，如尼泊尔冰川融化，以及印度和孟加拉国附近海平面上升等，这迫使越来越多人不得不逃离家园，寻找新的生计。2020年12月，国际行动援助组织、南亚气候行动网络等机构联合发布报告《气候不作为的代价：移居和被迫迁徙》。该报告指出，即使国际社会采取行动，实现现阶段的减排承诺和目标，到 2030 年，南亚仍将有 3740 万气候移民。到 2050 年，这一数据将达 6290 万。2020 年 12 月联合国秘书长安东尼奥·古特雷斯（António Guterres）在气候雄心峰会上呼吁世界各国领导宣布本国进入"气候紧急状态"，直到实现碳中和。他提到，已有 38 个国家采取了这一行动，并希望其他国家也能跟进。古特雷斯指出，越来越多的国家承诺实现净零排放，企业界正在朝可持续发展迈进，城市正在努力变得更环保、更宜居，年轻人正在担起责任，观念也在发生变化。他呼吁各国"停止对星球的攻击，保护我们子孙的未来"。新冠疫情暴发之后，许多国家面临自然灾害的挑战。德国遭受了历史性的洪灾，随后世界气象组织（World Meteorological Organization, WMO）发布报告指出，随着气候变暖，空气中的含水量增加，这意味着大风期间降雨量会增加，从而导致洪灾风险上升。洪水席卷了多个地区，造成了 2021 年近三分之一的重大自然灾害，其他灾害还包括暴风和旋风等。2021 年 10 月，英国环境署在一份报告中发出警告，因全球气候变暖，英国将会经历更热、更干旱的夏季，更频繁且更严重的洪水，以及海平面上升和淡水资源需求增加等问题。该机构主席艾玛·霍华德·博伊德（Emma Howard Boyd）表示，严重的气候影响已不可避免，英国目前已经处于"适应或死亡"（adaption or die）的严峻局面。

从可持续发展目标来看，环境维度主要涉及目标 6、目标 7、目标 13、目标 14、目标 15，接下来分别介绍这些具体目标的现状。

目标 6：清洁饮水和卫生设施。获得安全饮用水、环境卫生和个人卫生是人类健康和福祉的最基本需求。水是很多其他可持续发展领域的基础，但目前正在面临威胁。随着人口快速增长、城市化发展，以及来自农业、工业和能源部门的压力不断增加，人们对水的需求在不断上升。几十年来的滥用、管理不善，以及淡水和地下水的过度开采和污染，加剧了用水压力，并恶化了与水相关的生态系统。截至 2019 年年底，全球超过 7.33 亿人生活在水资源高度紧张或严重紧张的国家。湿地被认为是所有生态系统中生物多样性最丰富的，是全球 40% 的动植物物种的繁殖地。然而，对湿地的不可持续利用和不当管理不仅导致生态系统服务功能的损失，还会带来包括疾病在内的直接风险。此外，湿地退化会释放储存的碳，从而加剧气候变化。在过去的 300 年里，地球上超过 85% 的湿地已经消失，主要原因是排水和土地用途转换，许多剩余的湿地也已经退化。2015—2020 年，使用安全管理的饮用水服务的人口比例从 70% 增加到 74%，拥有安全管理的卫生设施的人口比例从 47% 增加到 54%，能够在家中使用肥皂和洗手设施的人口从 67% 增加到 71%。要到 2030 年实现全民覆盖，这些基本服务的进展速度需要提高四倍。按照目前的速度，到 2030 年，将有 16 亿人缺乏安全处理的饮用水，有 28 亿人缺乏安全处理的环境卫生设施。

改善水质对于保护人类和生态系统的健康至关重要。2020 年对 97 个国家的河流、湖泊和含水层的评估显示，60% 的水资源有良好的环境质量。

目标 7：经济适用的清洁能源。按照目前的进展速度，世界无法在 2030 年实现可持续发展目标 7。举例来说，为实现减少温室气体排放的气候目标，还需要提升能源效率。提高能源效率是实现全球气候目标的基础。2030 年目标要求能源强度每年改善 2.6%，这是 1990—2010 年观察到的速度的 2 倍。为了实现目标 7，到 2030 年，能源强度的改善率需要达到平均每年 3.2%。清洁烹饪解决方案的进展缓慢，到 2020 年，仍有 24 亿人使用有害和污染的燃料进行烹饪。不断上涨的商品、能源和航运价格增加了全球太阳能光伏组件、风力涡轮机和生物燃料的生产和运输成本，给实现可持续发展目标 7 增添了不确定性。埃隆·马斯克于 2022 年 8 月在社交媒体推特上发文称："各国应该增加核电生产！因考虑国家安全而关闭核电是疯狂的，对环境也是有害的。"

世界继续朝着可持续能源目标前进。2019 年，可再生能源占全球最终能源消费总量的比重为 17.7%，比 2015 年略有提高。2021 年，全球 69% 的人口能够获得清洁烹饪燃料和技术。全球初级能源强度——定义为总能源供给与国内生产总值的比率——从 2010 年的 5.6 兆焦耳/美元（2017 年购买力平价）下降到了 2019 年的 4.7 兆焦耳/美元，年均改善率为 1.9%。全球电力接入率从 2010 年的 83% 提高到了 2020 年的 91%，在此期间，无电人口从 12 亿减少到 7.33 亿，如果目前的趋势继续下去，到 2030 年，世界上将有 92% 的人口能够用上电力。IEA 在 2022 年 9 月发布的一份报告中表示，全球在向净零交通运输过渡方面取得的进展没有达到《巴黎协定》的目标。研究显示，电动汽车的数量需要增加，到 2030 年，全球电动汽车的比例需要从目前的 1% 提高为 20%～25%，同时，60% 售出的新车需要实现零排放。国际能源署呼吁，到 2035 年在全球范围内禁止销售汽油和柴油汽车，此外，各国政府应商定一个时间表，决定何时所有新销售的道路车辆应实现零排放。美国加州空气资源委员会（California Air Resources Board, CARB）于 2022 年 8 月 25 日投票批准新规，计划到 2035 年全面禁止销售新的燃油动力汽车。据其新规，一手零排放汽车的销售配额将逐年提升，至 2026 年，在加州销售的新型轿车、运动型多用途汽车和小型皮卡中，零排放汽车的销售配额必须达到 35%；2028 年达到 51%；2030 年达到 68%；2035 年达到 100%。规定中的配额还允许 20% 的零排放汽车为插电式混合动力汽车。

目标 13：气候行动。气候变化是对人类的"红色警戒"。世界正处在气候灾难的边缘，而避免这场灾难发生的机会稍纵即逝。气候变化导致的热浪、干旱和洪水等极端天气不断增加，影响着全球数十亿人的生命，并可能给全球生态系统带来不可逆的变化。根据《巴黎协定》的规定，要将全球升温幅度控制在比工业化前的水平高 1.5℃ 以内，全球温室气体排放量就需在 2025 年之前达到峰值。IPCC 指出，全球温室气体排放量达到峰值后，必须在 2030 年前下降 43%，并在 2050 年实现净零排放。然而，根据目前各国的承诺，全球排放量将在 21 世纪第三个十年的剩余时间里增加近 14%。2021年，化石燃料排放量回升至历史新高，抵消了疫情带来的排放量下降。2020年，新冠疫情对社会和经济的冲击降低了全世界的能源需求，当年全球二氧化碳排放量下降了 5.2%——相当于近 20 亿吨，是有史以来最大的年度下降幅度，几乎是 2009 年全球金融危机后下降幅度的五倍。但这种缓解只是暂时的。随着疫情相关的限制措施逐步取消，对煤炭、石油和天然气的需求又增加了。结果，2021 年与能源有关的二氧化碳排放量增加了 6%，达到了有史以来的最高水平，从而完全抵消了 2020 年的减排成果。

专栏 5.2　气候变化是对全人类的"红色警戒"[1]

据 IPCC 称，在过去 2000 年中，人类活动以前所未有的速度引发了气候变暖。IPCC 第六次评估报告向全人类发出了紧急的"红色警戒"信号，并概述了如果全球气温上升 1.5℃或更高，世界将要面临的情况。

灾害和极端天气事件。全球各个地区都正在经历天气和气候极端事件。随着地球变暖，科学家预计热浪、洪水、降水、干旱和气旋的频率和强度都将增加。如果当前趋势继续下去，联合国减少灾害风险办公室预测，到 2030 年，中型到大型灾害事件可能会达到每年 560 起——平均每天 1.5 起——比 2015 年增加 40%。IPCC 预测，到 2100 年，全球约三分之一的土地将遭受至少中度干旱。全球变暖程度的每一次增加，都将使极端天气变化的增幅更大。例如，在全球气温升高 1.5℃的情况下，今天 10 岁以下的儿童到 2100 年将面临的极端天气事件估计为目前的 4 倍；在全球气温升高 3℃的情况下，极端天气事件将增加 4 倍。

海平面上升。海洋海平面上升的速度已经超过了此前任何一个世

---

[1] 主要来源：联合国《2022 年可持续发展目标报告》。

纪。预测显示，即使温室气体排放量大幅减少、全球升温幅度被控制在远低于 2℃，到 2100 年，海平面可能仍将上升 30 厘米至 60 厘米。海平面上升将导致更频繁和更严重的海岸洪水和侵蚀。海洋变暖也将继续，伴随着越来越强烈和频繁的海洋热浪、海洋酸化和氧气减少。即使升温仅达到 1.5℃ 的阈值，70% ~ 90% 的暖水珊瑚礁仍将消失；如果升温达到 2℃，它们将全部死亡。这些影响预计至少会在本世纪剩余时间内显现，威胁海洋生态系统及超过 30 亿依靠海洋为生的人口。

生物多样性减少。在气候变化全面爆发之前，生物多样性减少就已在加速。陆地、海洋和海岸系统预计将遭受进一步损失，其严重程度取决于所达到的温度阈值。例如，生物多样性热点地区的特有物种面临着非常高的灭绝风险，如果全球平均气温上升 1.5℃ ~ 2℃，这种风险将增加一倍；如果全球平均气温上升 1.5℃ ~ 3℃，这种风险将增加十倍。生态系统的退化和生物多样性的丧失将影响基于自然的服务，威胁人类的健康和生存。这些状况也增加了新的人畜共患疾病发生的机会，例如未来可能出现的其他大流行病。

农业和食品系统。气候变化带来的干旱、洪水和热浪给世界许多地区的粮食生产带来了额外的压力。非洲、中美洲和南美洲的部分地区因洪水和干旱目前已面临更频繁且有时严重的粮食安全和营养不良问题。其他预计的影响包括土壤退化、虫害和疾病增加，以及授粉等生态系统服务的削弱。

弱势人群。气候变化正在影响每一个人，但最弱势的人群受到的冲击最大。据政府间气候变化专门委员会的报告估计，有 33 亿 ~ 36 亿人生活在极易受气候变化影响的环境中。人类高度脆弱的热点地区集中在小岛屿发展中国家、北极地区、南亚、中美洲和南美洲及撒哈拉以南非洲的大部分地区。贫穷、获得基本服务受限、冲突和治理不善限制了人类对气候变化的适应能力，从而导致人道主义危机，这些危机可能使数百万人背井离乡。到 2030 年，估计仅干旱便将使 7 亿人面临流离失所的风险。

立刻采取气候行动。根据 IPCC 的最新报告，科学证据明确显示：气候变化是对人类福祉和地球健康的威胁。采取全球一致行动刻不容缓，任何拖延都将错过一个创造宜居未来的、稍纵即逝的机会。该报告呼吁立刻采取紧急气候行动。

目标 14：水下生物。人类活动正在危及地球上最大的生态系统——海洋，并影响数十亿人的生计。持续的海洋酸化和不断上升的海洋温度正在威胁着海洋物种，并对海洋生态系统发挥的作用产生负面影响。例如，2009—2018 年，全世界失去了大约 14% 的珊瑚礁。珊瑚礁通常被称为"海洋雨林"，原因就是它们维持了非凡的生物多样性。海洋也因多种污染源而承受日益增长的压力，而这些污染不仅危害海洋生物，还会通过食物链影响人类健康。鱼类消费的快速增长（1990—2018 年增长了 122%）加上公共政策的不力，导致鱼类资源枯竭。可持续渔业在当地经济发展和粮食安全方面发挥着重要作用，鱼类资源的可持续管理对于确保渔业在未来继续推动经济增长和支持公平发展至关重要。2019 年，可持续渔业约占全球国内生产总值的 0.1%，这一比例自 2011 年以来没有明显变化。全球近 5 亿人至少部分依靠小规模渔业为生，他们占全世界从事渔业总人口的 90%。几乎所有小规模渔民（97%）都生活在发展中国家，其中许多人面临高度贫困，缺乏更广泛的社会和经济发展机会。全球鱼类资源正受到日益严重的威胁。2019 年，全球超过三分之一（35.4%）的鱼类被过度捕捞，高于 2017 年 34.2% 和 1974 年的 10%。

海洋保护区和其他基于区域的保护生物多样性的有效措施，包括海洋禁捕区、海洋公园和保护区，在过去十年有了大幅增长。2021 年，全球海洋保护区覆盖率达到全球海域的 8%。自 2015 年以来，为小规模渔民提供海洋资源和市场准入的努力在大多数地区有所扩大。全球平均综合得分——用于衡量赋能性框架、支持渔民的具体行动和小规模渔民对决策的参与程度——2022 年平均落实水平提高到满分 5 分，高于 2018 年的 3 分。

目标 15：陆地生物。健康的生态系统及其所支持的生物多样性为人类提供食物、水、药物、住所和其他物质产品，同时也提供了生态系统服务功能，例如净化空气和水。然而，人类活动已经深刻改变了大多数陆地生态系统：据记录，约有 4 万个物种面临在未来几十年内灭绝的风险，每年有 1000 万公顷的森林（相当于冰岛的总面积）遭到破坏，超过一半的生物多样性重要区域仍然没有得到保护。世界森林面积持续减少，森林占土地总面积的比例从 2000 年的 31.9% 下降到 2020 年的 31.2%，相当于净损失近 1 亿公顷。全球近 90% 的森林砍伐是由农业扩张造成的，其中耕地扩张占 49.6%，放牧用地扩张占 38.5%。尽管如此，森林面积减少速度已比前几十年有所放缓，森林保护事业取得了积极进展。2010—2021 年，森林认证计划下的林地面积增加了 35%。长期管理计划下的森林比例从 2010 年的 54% 增加到 2020 年的 58%。2020 年，建立的法定保护区内有超过 7 亿公顷的森林。新冠疫情的出现是 次将保护生物多样性因素融入经济复苏措施并建立一个更加可持续的未来的机会。但在经济复苏开支中，生物多样性在很大程度上被忽视了，物种灭绝的风险正在以人类历史上前所未有的速度增加。衡量选定分类群中物种灭绝总体风险的《红色名录指数》显示，2000—2022 年，物种灭绝风险的恶化程度达到了 9.2%。为了预防和阻止这些生态系统的退化，许多国家正在可持续地管理其森林，保护对于生物多样性至关重要的区域，并制定法律和政策以保护生态环境。

世界在实施遗传资源和相关传统知识的可持续利用框架方面持续取得进

展。《名古屋议定书》为公平公正地分享利用遗传资源所产生的惠益提供了一个透明的法律框架。截至 2022 年 2 月，已有 132 个国家和欧盟已经签署了该议定书，其中 68 个国家至少制定了一项法律法规或政策层面的措施以确保其实施。

第六章
和衷共济：助力可持续发展

践行可持续发展需要和衷共济、勠力同心。可持续发展与每一个社会成员息息相关，它的最终目标是实现可持续，为子孙后代保留过上美好幸福生活的机会。正如一句歌词所言："只要人人都献出一点爱，世界将变成美好的人间。"半个多世纪以前，随着绿色运动的兴起，许多国家先后成立了专门性的环境保护机构，并颁布实施了一系列法律法规和政策措施，旨在妥善处理环境与发展之间的关系。从 1972 年人类环境会议到 2015 年联合国 193 个成员国一致审议通过《变革我们的世界：2030 年可持续发展议程》，国际社会也不遗余力地通过成立机构、举办论坛及签署国际协定等形式践行可持续发展。

那么，企业和居民——作为财富的主要创造者和使用者——应该在践行可持续发展方面扮演什么角色？学校需要怎样普及推广可持续发展教育（ESD）和可持续教育（EiS）？虽然可持续发展涉及的行为主体众多，涵盖国际社会、各国政府、社会组织、企业、居民、学校等，但本章重点探讨企业、居民和学校这三类主体在践行可持续发展方面的角色分工与功能定位。

一、企业可持续管理：动机、途径与甄别

企业可持续管理是指企业在生产经营管理过程中，能够统筹考虑经济、

社会和环境三个维度的因素，成为可持续型企业，助力可持续发展。"可持续三角"（见图 6-1）体现了企业可持续管理的理念，它既有助于解释企业可持续管理的三个维度——经济、社会和环境及其彼此之间的关系，也有助于帮助企业识别可持续管理的重点发力方向，从而为企业管理层提供决策参考。

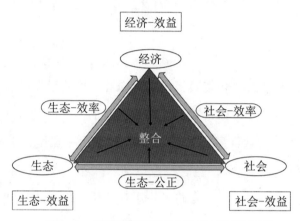

图 6-1　企业可持续管理中的"可持续三角"

在"可持续三角"中，每个角代表一个维度，三个维度之间的相互关系由连接每个角的线表示。因此，角代表企业在单独实现某个维度方面的效益（effectiveness），并以绝对值衡量，线代表效率（efficiency），分别对应经济效率、社会效率和生态效率。这些效率通过不同维度之间的组合来表达，并以相对值衡量。通过三角形的组合，企业可以在不同情境中评估其可持续发展的策略，确保在追求单一维度效益的同时，不忽视整体的效率和长期可持续性。

企业可持续管理至关重要。企业是社会财富的主要创造者，企业家把劳动、资本和土地有效地组织起来，生产出全社会所需要的产品和服务。因此，企业特别是企业家的经营理念和生产方式，既直接关系到企业自身发展，也会影响地区、国家乃至世界的经济社会发展模式，进而影响全球可持续发展议程。另外，据《2022 年爱德曼信任度晴雨表》显示，从全球范围来看，当前民众最不信任的是政府，这与盖洛普咨询公司（Gallup）于 2022 年 10 月对美国民众的调查结果基本一致 ①，其次是媒体，而相对较信任的是企业和非政府组织。

中国政府高度重视发挥企业在推动经济社会全面绿色转型中的重要作用。党的十九届五中全会通过的《中共中央关于制定国民经济和社会发展第十四个五年规划和二〇三五年远景目标的建议》中，多次提及绿色生产、新发展理念、生产方式绿色转型、绿色化及绿色化改造、全社会生态环保意识等内容，这些都与企业可持续管理息息相关。在展望 2035 年远景目标时，提出广泛形成绿色生产生活方式，碳排放达峰后稳中有降，生态环境根本好转，美丽中国建设目标基本实现；在"十四五"时期经济社会发展目标中，提出发展必须坚持新发展理念，生产生活方式绿色转型成效显著，能源资源配置更加合理、利用效率大幅提高，主要污染物排放总量持续减少，生态环境持续改善；在部署加快发展现代产业体系，推动经济体系优化升级时，强调打造新兴产业链，推动传统产业高端化、智能化、绿色化；在部署推动绿色发展，促进人与自然和谐共生时，要求推进重点行业和重要领域绿色化改造，推动能源清洁低碳安全高效利用，增强全社会生态环保意识，深入打好污染防治攻坚战。

2022 年 10 月 16 日，习近平总书记在中国共产党第二十次全国代表大会上发表题为《高举中国特色社会主义伟大旗帜 为全面建设社会主义现代化国家而团结奋斗》的讲话，明确指出中国式现代化是人与自然和谐共生的现代化，并多次提及绿色低碳生产的重要性，如要协同推进降碳、减污、扩绿、增长，推进生态优先、节约集约、绿色低碳发展，加快发展绿色低碳产业，推动形成绿色低碳的生产方式和生活方式，等等。

---

① 据盖洛普于 2022 年 10 月 11 日发布的民意调查显示，美国民众对其国内司法机构的信任度首次低于 50%，大部分民众对美国联邦政府缺乏信任，只有 38% 的民众表示信任美国立法机构，43% 的人表示信任行政部门。

　　绿色企业是一种以企业发展与环境损害脱钩为特征的新型企业发展模式，是经济实现绿色转型、迈进可持续发展道路的关键内容。中国绿公司年会由中国企业家俱乐部于 2008 年发起，每年 4 月 20 日至 22 日（世界地球日）召开，汇聚多位全球企业家、官员、学者、非政府组织组织代表和媒体人士。年会以企业家为主要参与群体，是企业家办给企业家的重要财经论坛，其主议题是基于每年征集近百位企业家的意见后商定的。年会关注商业生态，研究探讨企业可持续管理的实务课题。中国绿公司年会已成为中国经济可持续发展领域颇具影响力的商业论坛之一。首届年会于 2008 年在北京举行，主题是"绿色竞争力——趋势与行动"。此后，年会每年举行一次，每次会议的主题、地点和具体日期都有所差异（见表 6-1）。2020 年，中国绿公司第 13 届年会于海南省海口市举行，会议主题是"数字时代的商业成长"。

表 6-1　中国绿公司年会历届概况（2008—2020 年）

时间	地点	主题
2008 年	北京	绿色竞争力：趋势与行动
2009 年	北京	绿色变革：新商业文明的预言
2010 年	成都	绿色进化：政府与企业
2011 年	青岛	全球变局下的责任与创新：我们的解决方案
2012 年	武汉	新现实下的本分与创新
2013 年	昆明	商业的意义与持续增长
2014 年	南宁	改变的时代：现实与远见
2015 年	沈阳	创变者：打造商业新价值
2016 年	济南	绿丛林：商业新秩序
2017 年	郑州	分化与进化：寻找经济新动能
2018 年	天津	智能商业时代：高质量发展与价值创造
2019 年	敦煌	赢在商业本质
2020 年	海口	数字时代的商业成长

来源：作者根据相关网络资料整理制作。

传统的经济学理论普遍认为，企业的目标就是追求利润最大化，而可持续管理显然不只关乎经济利润，那么，企业为何要从事可持续管理呢？企业可持续管理的动机主要可归纳为三个方面：（1）企业家的生态环保意识及更深层次的伦理、道德和责任感；（2）寻求社会认可度与合法性，争取更好的企业声誉；（3）出于经济因素考虑，为了降低生产过程中的风险和成本，争取更好的市场业绩。

首先来看第一个动机——企业家的生态环保意识及更深层次的伦理、道德和责任感。企业可持续管理的起源可追溯到较早时期。20世纪70至80年代，由于世界石油危机和罗马俱乐部的报告——《增长的极限》，人们的环保意识开始觉醒，环境保护与管理受到高度重视。少数拥护自然、具有生态环保意识和社会责任意识的企业家在其企业经营中综合考虑经济、社会、环境三个维度的因素，并取得了巨大成功。随后，一系列新的企业经营模式和组织管理模式开始出现，不再只是追求利润最大化，也不再单看经济维度。实际上，100多年以前就有很多这类可持续型企业家及大型家族企业的领导。比如，当时的德国汉高公司就为他们的员工建造集体房屋，并积极从事慈善活动[①]，大大提高了他们员工的社会地位。自20世纪80年代以来，石化行业各种事故频发，环境污染问题受到广泛关注。环境污染防治技术、清洁生产和环境服务成为美国、日本等国企业的关注焦点。许多传统大型企业的管理者开始更多考虑生态效率型生产，开发新材料、新工艺、新设备和新产品，创新商业经营模式，并设计可持续供应链。

其次来看第二个动机——寻求社会认可度与合法性，争取更好的企业声誉。20世纪90年代，多国政府引入实施环境与社会管理体系和组织标准（如ISO14000系列、EMAS和BS7750），以及各种产品服务的认证标签（如欧盟认证的有机产品）。企业界开始有意识地关注环境影响，后来

---

① 19世纪和20世纪早期，人们通常把慈善视作企业的一种生产经营活动。

又拓展到社会影响。企业在环境、社会和可持续管理等领域的体系及其绩效，已经可以通过标准化的方式进行认证和沟通，如环境、社会和公司治理（Environmental，Social and Governance，ESG）评级。此外，很多奖项（如德国可持续发展奖）和排名（如道琼斯可持续发展指数）以及媒体对企业在可持续领域创新和绩效的一些报道，客观上推动了多家企业注重并践行可持续管理。鉴于消费者对各家企业及其产品的社会和环境影响的日益关注，企业管理层意识到，社会认可度与合法性必须成为企业可持续管理的重要内容，需要考虑所有利益相关者的期望。

最后是第三个动机——出于经济因素考虑，为了降低生产过程中的风险和成本，争取更好的市场业绩。企业管理层认识到，企业如果采取措施降低能耗和污染，注重社会责任，这不仅符合国际国内相关投资贸易协定中的环境与社会标准，还能降低企业的生产成本。此外，在企业生产经营决策中统筹考虑可持续问题，还有助于推动绿色技术创新。

专栏 6.1 "波特假说"在中国成立吗？

美国学者迈克尔·波特（Michael Porter）于 20 世纪 90 年代提出了一个假说——环境规制能够激励企业技术创新，该假说随后被称为"波特假说"。学界对这一假说是否成立仍存有较大争议，大致可分三类观点：第一类观点认为波特假说不成立。加强环境规制将会使企业的规制遵循成本上升，挤占企业的生产性支出，抑制技术创新，进而影响企业绩效。第二类观点认为波特假说成立。强度适宜的环境规制所激发的创新补偿效益可以部分或全部抵消环境规制的遵循成本。波特假说在环境领域和非环境领域都是适用的。第三类观点认为环境规制对企业技术创新的影响是不确定的，即波特假说可能成立，也可能不成立。即使成立，也必须具备一定条件。国内学者也围绕波特假说是否适用于中国开展了许多研究，结论亦有差异。

2022年，陈超凡、林永生等将中国低碳试点城市政策视为准自然实验，定量评估了其对城市绿色技术创新的影响。结果表明，低碳试点城市政策显著促进了城市绿色技术创新，大约能使城市绿色发明专利申请量年均增加320项、绿色实用新型专利申请量年均增加210项。低碳试点城市政策促进城市绿色技术创新的传导机制主要包括资本配置效应、结构升级效应、投资促进效应和综合治理效应。这种促进效应存在异质性，对于节能、垃圾管理和替代能源开发等领域的绿色技术创新效应更为显著，同时在大城市、东部发达地区城市和拥有更丰富优质教育资源的城市中，绿色技术创新效应更为突出。随后，陈超凡、郑丽娟等进一步研究了中国低碳试点城市政策对工业企业绿色技术创新的影响，旨在为验证波特假说在中国是否成立提供新证据。结果表明，位于低碳试点城市的企业拥有更多的绿色专利。

《国际企业可持续绩效》（*International Corporate Sustainability Parameter*）是一项专门针对来自全球11个发达国家大型公司而进行的调查报告。该调查显示，企业从事可持续管理的主要动机是确保合法性（即社会认可度）和改善企业内部组织及运营管理，而基于市场因素的考虑明显低于各类社会问题。支持企业可持续管理的主要利益相关者包括非政府组织、政府和媒体。然而，出乎意料的是，银行、保险公司和供应商通常不支持企业从事可持续管理。尽管如此，一项针对德国企业可持续绩效问题的研究表明，市场驱动因素对企业处理可持续问题的影响越来越重要（尽管仍然不是最重要的）。波士顿咨询公司和麻省理工学院《斯隆管理评论》杂志（*MIT Sloan Management Review*）近期的研究也支持这一结论，他们重点识别企业在其商业经营模式中考虑可持续问题的主要原因和动机。

　　企业可持续管理也被视为一门艺术，能够克服经济、社会和环境三者之间必须进行权衡取舍的弊病，同时整合这三个维度，进而做出改进。有研究表明，可持续型的企业领导者大多拥有更好的声誉，可以依靠品牌价值、客户忠诚度和偏好，通常也拥有更好的利益相关者关系。因此，对这些企业领导者而言，从事可持续管理的风险更小，也能吸引更多积极而自由的媒体报道。而单纯从企业财务的角度来看，如果客户愿意支付更高的价格（如有机产品），成本降低（如能耗降低），企业作为雇主的吸引力提高（如企业社会声誉很好），以及进入资本市场更便利（如更容易获得银行贷款或发行股票、债券等），那么，企业可持续管理就有利可图。

　　总之，可持续管理既成为企业产品开发和组织建设过程中的焦点，也成为可持续型企业家精神培育和企业战略管理的重要内容。

　　然而，理想和现实之间，动机和过程、结果之间，往往存在巨大差距。企业和企业家即便受到内外各种因素的激励，决心从事可持续管理，也未必能够做好。

　　企业可持续管理的主要挑战在于如何统筹考虑并实现"可持续三角"，即整合经济、社会与环境维度。汉森（Hansen）和施泰格（Schaltegger）提供了一个关于德国纺织企业开展可持续管理的实践案例。德国服装零售行业中的一些大型企业已经开始自愿转型，销售环境和社会友好型产品。例如，德国的纺织品零售商西雅衣家大力发展有机棉。与传统棉花相比，有机棉具有显著的环境和社会效益。该公司已将其以"生态棉"品牌销售的有机纺织品份额增加到每年20%以上。通过与一个名为"棉花链接"（Cotton Connect）的非政府组织合作，共同发展可替代的供应商网络，公司能够逐年增加有机棉产品，进而给产业同行施加了压力，促使他们不断投资创新。

　　当然，也有大企业向小企业学习的情况，特别是在一些细分市场上。赫斯公司（Hess Corporation）于20世纪80年代就着手开发严格遵循环境标准的纺织品，比如，在生产工艺过程中确保不含化学产品，尝试引入有机棉，并确保遵守严格的劳工标准。需要指出的是，有些大型企业通常并不自愿转型，推动可持续管理。此时，像绿色和平组织（Greenpeace）这样的环保类社会组织就会扮演主要角色，尤其是通过其发起的"排毒运动"（Detox campaign），推动产业从事生态友好型生产。随着企业社会责任报告（Corporate Social Responsibility Report, CSR report）这个概念的提出与发展，企业社会责任和企业可持续管理两者的内涵变得越来越相似，这种整合的挑战也越发明显。

面对这些挑战，企业可持续管理可能没有所谓的"最优模式"，不过依然有规律可循。其中，最关键的途径是协作，既需要企业内部各个职能部门之间的协作，也需要企业与其外部供应链、价值链相关合作伙伴之间的协作，还需要企业与外部不同学科、不同领域之间的协作。

首先是企业内部各个职能部门之间的协作。在企业层面实施这种基于协作的可持续管理，难度很大，因为它要求经济、社会和生态环境目标必须成为企业所有业务职能模块、所有管理领域的有机组成部分。如果企业可持续管理交由该企业内部的某个单独小组或部门来负责，而这个小组负责人或部门经理没有与其他经理进行有效沟通与合作，那么社会和生态环境维度的目标很可能就无法融入该企业的整体商业考虑。在实践中，企业可持续管理主要是通过成立项目组或永久性的跨职能部门团队（如生产、营销和废物处理）来引入实施。至于企业具体如何组织实施，则无统一答案。在最坏的情况下，企业可持续管理可能会交由单一职能部门负责，且资金匮乏。在最好的情况下，则是由多个部门协同组织管理，明确界定社会和生态环境领域的关键绩效指标，并将其与各部门的高管薪酬挂钩。需要强调的是，只有得到企业最高管理层的承诺和支持，才能实现企业层面的可持续。企业最高管理层提供资源，确保可持续管理在整个组织及核心业务模式和流程中得到整合。当然，也有其他一些比较好的组织管理模式，例如，企业成立专门的"可持续委员会"，该委员会由来自不同职能部门（如生产、研发、营销、采购、战略）的决策者组成，定期聚集在一起，以推动实施企业内部及整个价值链的可持续管理。

其次是企业与其外部供应链、价值链相关合作伙伴之间的协作。协作不仅局限于企业内部，也需要与外部利益相关者进行互动。企业一旦有了明确的可持续战略，就可以通过与价值链上的合作伙伴（如供应商和客户）合作来共同取得成效。为了创造可持续型产品，企业可能有必要与价值链上的各个供应商进行头脑风暴。例如，英国零售商玛莎百货要求灯泡供应商提供更节能的照明解决方案，这可以大大降低能源成本。玛莎百货还鼓励顾客使用30℃的水洗衣服，因为他们意识到，与洗衣粉有关的大量污染物排放直接受到消费者行为习惯的影响。此外，由于存在各种风险，企业还需要与其价值链利益相关者及其他社会各方进行接触，共同商讨解决问题。耐克公司面临价值链中使用童工的风险，因此联合成立了公平劳工协会（Fair Labor Association, FLA），旨在解决整个行业中存在的这一社会问题。

表6-2筛选列出了一些多方参与者共同协作解决相关问题的经典案例。总之，没有哪家企业或组织能够单独解决这些问题，诸如雇用童工、冲突钻

表 6-2 多个利益相关方共同协作解决可持续相关问题的案例

问题	解决方案	更多信息
雇用童工	公平劳工协会	www.fairlabor.org
冲突钻石	金伯利进程①（Kimberley Process）	www.kimberlyprocess.com 也可观看电影《血钻》（*Blood Diamond*）
森林退化	森林管理委员会	www.fsc.org
过度捕鱼	海洋管理委员会	www.msc.org

---

① 金伯利进程致力于消除全球供应链中的冲突钻石。如今，成员国已积极遏制了全球99.8%的冲突钻石交易。

石、森林退化、过度捕鱼等，只有通过多方协作才能共同有效解决。前文提及的麻省理工学院和波士顿咨询公司的研究还发现，可持续型企业的领导者通常能够更频繁地与客户、供应商、政府、行业协会、当地社区、非政府组织和竞争对手进行协同与合作。

最后是企业与其外部不同学科、不同领域之间的协作。在我们身处的这个新时代，可持续发展领域的很多难题都是复杂多变且彼此交织的，因此相应的解决方案也必须要运用复杂系统的思维，推动跨部门、跨学科、跨领域的协作。这也意味着，没有任何单一部门（产业、政府、社会），也没有任何单一学科（如工商管理、环境科学、社会学）或企业职能部门（如营销、生产、采购）能够独自解决这些可持续发展领域的难题。因此，这种跨部门、跨学科的合作是必要的，各部门与学科就有关解决方案进行合作（例如，来自大学的研究人员与产业专家合作，以便在实践中实施更可持续的解决方案），图 6-2 给出了这种合作途径。

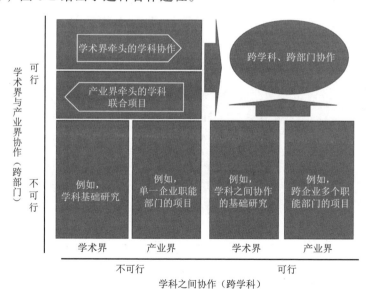

图 6-2　企业可持续管理背景下的跨部门、跨学科协作途径 [①]

---

① 林永生、张怡凡：《企业可持续管理：动机、途径与甄别》，载《中国发展观察》，2023（2）。

　　企业、企业家和企业家精神，对于任何国家的可持续发展都非常重要。但不可否认的是，其中鱼龙混杂：有真善美，有秉持良知和正义的企业家，有切实推进可持续管理的企业；同时，也有假丑恶，有刻意隐瞒企业生产经营的负面影响或信息披露不充分的企业家，有存有"洗绿"嫌疑、造成重大环境污染事件和社会不良影响的企业。因此，有必要通过构建科学合理的指标体系，评估企业可持续管理绩效，去伪存真，加强甄别。这样一来，政府可以有效奖惩，消费者可以放心选择，投资者可以优化配置。

　　联合国工业发展组织绿色产业平台中国办公室于2019年开发了一套中国上市公司绿色排名指标体系（见表6-3）。该指标体系包括经营水平、资源能源利用情况和环境治理水平3个一级指标，在一级指标下又包含经营规模、资源消耗、能源消耗、排放物、污染治理、绿色行为6个二级指标，以及各二级指标项下共28个三级指标。他们收集了2016年中国境内2800余家上市公司（A股、B股）的年度报告，并运用该指标体系进行了相关测算。

表6-3　中国上市公司绿色排名指标体系[①]

一级指标	二级指标	三级指标	统计单位
经营水平	经营规模	营业收入	亿元/年
资源能源利用情况	资源消耗	水消耗量	万吨/年
		土地	万亩/年
		原材料消耗	万吨/年
	能源消耗	综合能耗	万吨标煤/年
		煤炭消耗	万吨/年
		油消耗	万吨/年
		天然气消耗	万吨/年
		蒸汽消耗总量	万吨/年
		可再生能源消耗	万吨/年

---

① 关成华、潘浩然、白英：《绿色企业评价指南——方法与实践》，126～127页，北京，经济日报出版社，2019。

一级指标	二级指标	三级指标	统计单位
资源能源利用情况	能源消耗	耗电总量	万千瓦时 / 年
		热力消耗	百万吉焦 / 年
		绿色发电	亿万千瓦时 / 年
	排放物	二氧化硫排放量	吨 / 年
		氮氧化物排放量	吨 / 年
		颗粒物排放量	吨 / 年
		温室气体排放量	万吨 / 年
		氨氮排放量	吨 / 年
		COD 排放量	吨 / 年
		废水排放量	万吨 / 年
		一般固废排放量	万吨 / 年
		危险废物排放量	万吨 / 年
环境治理水平	污染治理	一般固废处理量	万吨 / 年
		危险废物处理量	万吨 / 年
	绿色行为	碳交易量	万吨 / 年
		绿色投资与金融	亿元 / 年
		环境考核	通过否
		超标、被申诉处罚	次 / 年

此外，还有一些先由国外开发，然后再逐渐引入并应用到中国的评价指标体系，如 MSCI 指数和 ESG 评级。

MSCI（Morgan Stanley Capital International）是美国明晟公司（旧名为摩根士丹利资本国际）的简称。该公司是第一家全球基准测试供应商，同时也是数据和公司信息的提供者，以及股权、固定资产、对冲基金、股票市场指数的供应商。MSCI旗下编制了多种指数，其推出的MSCI指数被广泛用作投资参考。全球的投资专业人士，包括投资组合经理、经纪交易商、交易所、投资顾问、学者及金融媒体，基本上都会使用MSCI指数。MSCI指数是全球投资组合经理中最常采用的投资指标。MSCI在全球不同市场都编制有当地市场指数及全球综合指数，这些指数是绝大多数全球市场基金选用的基准指数。也就是说，基金公司会根据MSCI指数中的公司权重来配置股票，以确保其基金表现与基准指数表现不会有过大偏差。MSCI中国指数（MSCI China Index）是美国明晟公司于2009年开始编制的，用于跟踪中国概念股票表现。MSCI中国指数系列由一系列国家指数、综合指数、境内及非境内指数组成，主要针对中国市场上的国际和境内投资者，包括QDII和QFII牌照持有人。MSCI中国指数覆盖大盘股、中盘股和小盘股等不同规模区段。

前文提及的ESG评级，从环境、社会和公司治理三个维度评估企业经营的可持续性及其对社会价值观念的影响。它是由商业和非营利组织构建的，旨在评估企业的承诺、业绩、商业模式和结构与可持续发展目标的一致性。最初，它们被投资公司用来筛选或评估其各种基金和投资组合中的公司。求职者、客户和其他利益相关者在评估商业关系时也可以参考这些评级，而被评级的公司本身也可以通过这些评级更好地了解自己的优势、劣势、风险和机会。ESG评级的工作流程主要由三部分组成：一是数据采集和信息归纳；二是指标设置、评分评级和形成评级结果；三是将评级结果指数化，从而形成服务于投资的产品。国外的ESG评价体系主要包括MSCI、路孚特（Refinitiv）、富时罗素（FTSE Russell）、标普全球（S&P Global）Sustainable1、晨星（Sustainalytics）等，评级对象覆盖全球数千家公司。中国的ESG评价体系起步相对较晚，迄今主要有商道融绿、中财大绿金、社会价值投资联盟、中诚信绿金、秩鼎等，评级对象主要集中在国内，以A

股上市公司、中证 800、沪深 300 为主。ESG 报告是 ESG 信息披露的重要来源之一，目前主流的 ESG 信息披露标准制定机构包括全球报告倡议组织（Global Reporting Initiative, GRI）、气候变化相关财务信息披露工作组（Task Force on Climate-related Financial Disclosures, TCFD）、国际综合报告委员会（International Integrated Reporting Council, IIRC）、可持续发展会计准则委员会（Sustainability Accounting Standards Board, SASB）等。中国沪深两市主流 ESG 报告的参照规则及指引包括可持续发展报告标准、上海证券交易所上市公司环境信息披露指引、中国企业社会责任报告编写指南、《公司履行社会责任的报告》编制指引、深交所各板块上市公司规范运作指引等。中国上市企业 ESG 报告发布及信息披露状况良好，截至 2022 年 6 月 8 日，91%（272 家）的沪深 300 指数成分股公司发布了 2021 年 ESG 报告，2019—2021 年 ESG 报告发布数量持续增长，金融、公用事业和能源行业实现 2021 年 ESG 报告 100% 的发布率。沪深 300 指数成分股公司发布 2019 年、2020 年 ESG 报告的比例分别为 75% 和 83%。在中证一级行业分类下，发布 2021 年 ESG 报告工业（55 家）和金融业（53 家）公司分别接近所有发布报告公司的 20%。从各行业发布报告的公司数量占该行业所有公司的比例上来看，金融（53 家）、公用事业（8 家）和能源行业（6 家）的公司都 100% 发布了 2021 年 ESG 报告。

综上可知，现有的评价指标体系各有利弊。中国上市公司绿色排名指标体系和中国绿色公司评估标准侧重于绿色和生态环境维度的考量，但社会维度的指标相对较少。国际流行的 ESG 评级和 MSCI 指数虽然明显增加了社会维度的指标，并在实践中得到应用，引导可持续投资，然而，ESG 投资不足以推动解决可持续挑战，实现可持续发展目标。因为 ESG 评级通常旨在衡量公司是否面临来自环境、社会和治理因素的财务重大风险，而不是公司对特定可持续挑战的实际影响。结果，有些对可持续发展目标有负面影响的公司仍然获得了优秀的 ESG 评级，如英美烟草集团、矿业巨头嘉能可及软饮料生产商可口可乐。① 这造成了很坏的反响，以至于彭博社称之为 "ESG 幻想"（the ESG mirage），《经济学人》杂志则嘲笑 "ESG 三个字母无法拯救地球"。

SDGs 对经济发展而言具有历史性和里程碑式的意义。全球首次有了促进可持续经济增长、社会包容和保护自然环境的共同计划。简而言之，可持续发展目标为当代和后代创造更美好的世界提供了可衡量、可践行的蓝图。然而，要实现可持续的未来，不仅需要清晰的愿景和行动计划，还需要调动公共和私人资金。因此，可持续投资对实现可持续发展目标至关重要。幸运的是，近年来全球金融市场发生了重大转变，有些大型跨国金融企业已经开始在其可持续投资组合策略中统筹考虑可持续发展目标，特别是甄别企业对可持续发展目标的真实贡献。有效践行可持续管理，为应对可持续挑战提供解决方案的企业创造了巨大的潜在价值，使其更有潜力成为市场赢家。相比之下，由于更严格的监管和消费者需求的减少，预计对可持续发展目标产生不利影响的企业将面临越来越大的阻力。

荷宝公司（Robeco）是首批开发可持续投资评估框架的投资管理集团之一，该框架侧重于衡量可持续发展目标对投资组合的影响（详见专栏 6.2）。荷宝的可持续投资评估框架可以系统地评估某一企业在关键可持续发展目标及行业特定具体指标方面的表现，从而帮助分析师确定企业对可持续发展目标的贡献。加总这些贡献对应分数，可以得到被评估企业对可持续发展目标贡献的总得分。所得分数用于帮助构建投资组合，以追求积极影响，避免负面影响，助力实现经济、社会和环境的可持续发展。

---

① 根据全球可持续投资联盟 2022 年的报告，全球主要金融市场的可持续投资超过 35 万亿美元（或说超过所有已投资资产的三分之一）。ESG 整合型投资的规模超过了 25 万亿美元（约占 70% 的可持续投资资产），已成为投资者采用的主要策略。

专栏 6.2 荷宝的可持续投资评估框架 [①]

荷宝是一家国际资产管理公司，1929 年成立于荷兰鹿特丹，为客户提供从股票到债券的一系列投资服务。自其首任总裁确立"每项投资策略都应以投资研究为导向"的理念以来，荷宝主要通过基本面分析、可持续性分析和量化分析三种投资研究方法为客户提供投资策略。截至 2022 年 6 月，荷宝的管理资产规模为 1780 亿欧元，在全球 16 个分支机构共聘用 1028 名员工。荷宝将可持续发展目标整合到投资和运营之中，以可持续投资方案服务客户，并于 1995 年推出了首项可持续投资产品。

接下来以十年为周期简单介绍荷宝的发展历程：(1) 1929 年，奠定根基。1929 年美国华尔街股灾后几周，七位鹿特丹商人成立了一个投资公司，为公众做投资储蓄计划和财富管理服务。他们将这家公司命名为 Rotterdamsch Beleggings Consortium（以下简称荷宝）。(2) 20 世纪 30 年代，开拓国际业务。荷宝首任董事长重视研究并以科学方法进行投资，强调"每项投资策略都应以研究为依据"。荷宝早在 1930 年进入南美股市并且在欧洲、北美和荷属东印度进行投资扩张。1938 年，荷宝在荷兰阿姆斯特丹证券交易所上市。(3) 20 世纪 40 年代，从战火中崛起。第二次世界大战期间，荷宝超过一半的投资组合安全地投资于美国。1941—1946 年，其资产规模几乎增长了一倍。(5) 20 世纪 50 年代，推动普及投资。荷宝于 1953 年引入一种股票储蓄计划，该计划允许人们以负担得起的金额，将储蓄投入购买荷宝股票，让公众更容易参与投资。荷宝于 1959 年在巴黎上市，这是该公司首次在国外证券交易所上市。(6) 20 世纪 60 年代，再向海外市场进军。荷宝继续拓展海外业务，于 1960 年在布鲁塞尔证券交易所上市，1962 年在伦敦及在其他

① 感谢荷宝公司总部 SDGs 策略分析部负责人扬·安东·范·赞滕（Jan Anton van Zanten）博士、中国区总监晋美及王天思、邓丽芳等人为本专栏提供的资料和帮助。

几个欧洲金融中心上市。1963年，荷宝成为首家进入日本股市的欧洲公司。两年后，荷宝成立了第二家投资公司——罗林科投资公司。（7）20世纪70年代，开拓债券投资和其他新业务。荷宝成立了第一只债券基金——罗伦特基金，以应对石油危机造成的1973年股价暴跌。在福特基金会请求荷宝协助管理其部分投资组合之后，荷宝开始多元化布局，这标志着机构资产管理活动的开始。20世纪70年代还发生了一系列并购，荷宝收购了许多主要竞争对手，成为欧洲最大的基金公司。在此期间，荷宝继续进行海外扩张，在法国、卢森堡和瑞士开设了办事处，并在中国香港和东京证券交易所上市。（8）20世纪80年代，化危机为转机。荷宝从第一次股灾中充分吸取了教训，并开发出了一套应对此类股灾的政策，因此，当1987年10月发生第二次股灾时，公司仍然表现良好。荷宝通过加强分散投资降低风险并避开恐慌行为，使其资产价值与道琼斯指数相比只出现了温和跌幅。（9）20世纪90年代，开辟量化和可持续投资新领域。荷宝率先使用量化和可持续投资策略，在1994年推出第一档量化策略基金，1995年与新的母公司荷兰合作银行共同推出第一个可持续产品"Groencertificaten"（绿色认证）。此外，荷宝在荷兰推出第一档可持续投资股票基金。（10）21世纪00年代，千禧年，新里程。随着哈伯资本顾问公司和波士顿合伙人资产管理公司的加入，荷宝在美国的投资实力迅速壮大。21世纪初，荷宝管理的总资产已突破1000亿欧元。与此同时，荷宝继续拓展国际业务，在中东、欧洲和亚洲开设了办事处，并与印度卡纳拉银行设立合资企业，首次进入印度市场。此外，荷宝巩固了其在可持续投资方面的能力，收购了驻苏黎世的可持续资产管理公司，将之重新命名为荷宝可持续资产管理公司，简称荷宝瑞士。（11）21世纪10年代，强化专长领域。在这个新的十年中，荷宝开始在投资决策过程中整合环境、社会和治理因素，为荷宝在未来多年可持续投资领域的龙头地位奠定了根基。日本金融服务集团欧力士（ORIX）在 2013 年收购了荷宝集团。（12）21 世纪 20 年代，勇于承担实现净零碳排的目标。荷宝推出全球首个以《巴黎协定》为目标的全球气候变化固定收益策略基金，并承诺跟随欧盟以净零碳排放为目标，到 2050 年旗下管理的所有资产达到碳中和。

荷宝的可持续投资评估框架（以下简称"框架"）是基于扎实的研究工作和一些特定行业的具体指标构建的。运用这套框架，投资者能够在以可持续发展目标为重点的战略投资范围内为企业赋予可持续发展目标（SDGs）得分，然后据此得分创建投资组合，这样不仅能降低 ESG 评级的风险，还能改善企业对可持续发展目标的影响。荷宝于 2017 年推出荷宝瑞士全球可持续发展目标股票，2018 年推出荷宝瑞士全球持续发展目标信用，成为首批开发并向市场推出与可持续发展目标相关金融产品的公司之一。此后，荷宝陆续推出了一系列以可持续发展目标为重点的投资战略，旨在为那些助力实现可持续发展目标的企业提供良好的财务回报。

框架由三个步骤组成（见下图），首先评估公司产品对社会的影响，然后研究公司运营情况，最后判断该公司有无对可持续发展目标产生负面影响的争议。

步骤1 产品	步骤2 经营	步骤3 争议
公司生产什么？	公司如何生产？	有无明显争议？
积极影响的例子：药品、水、健康服务 负面影响的例子：页岩气、快餐、游戏	治理因素： 生产经营模式有无问题？ 对可持续发展目标产生最大影响的企业之间的异质性	争议的例子： 石油泄露、欺诈与贿赂、违规销售

框架的三个步骤

步骤1：公司生产什么？框架采取严格的方法，持续评估特定行业内所有公司的可持续发展目标影响。该过程从部门分析开始，旨在建立部门基准，然后据此衡量该部门内的所有公司。部门基准是相对宽泛的测度标准，用于表明在该部门价值链中运营的公司对相关可持续发展目标的共同贡献或减损程度。初始的部门基准参考相关学术研究而建立，然后这些部门内具体公司的贡献将根据其在特定部门可持续性指标中的表现进行评估。

此外，框架还依据特定可持续发展目标构建关键绩效指标（Key Performance Indicators, KPI），这些KPI与可持续发展目标及其子目标相对应。框架衡量公司核心活动产生的影响，而不仅仅是其外围活动可能产生的影响。

有些KPI衡量积极影响。如果一家公司达到KPI阈值，它将获得更高的可持续发展目标得分。相反，其他KPI衡量负面影响，例如，超过此类KPI阈值的公司的可持续发展目标影响将是负面的。荷宝的可持续性分析师使用了200多个涵盖60多个行业的KPI。所有KPI汇总在同一规则手册中，由专业部门分析师共同应用。以银行业为例，银行是促进商贸、融资和经济增长的重要中介机构。因此，荷宝认为金融部门对可持续发展目标8（体面工作与经济增长）和目标9（产业、创新和基础设施）的贡献最大。然而，银行之间存有差异，必须对每个银行进行单独评估，以确定其业务策略和结果是否会对这些可持续发展目标产生积极或消极的影响。例如，金融部门的KPI评估银行对中小企业的贷款占其贷款总额的比例。如果该比率超过15%，则该银行在可持续发展目标8和目标9中的地位将升级为"正向—中等"（从"正向—较低"）。除可持续发展目标8和目标9外，银行业还为可持续发展目标1（无贫困）和可持续发展目标11（可持续城市和社区）做出了贡献。为了衡量对这些目标的贡献，荷宝评估了对新兴市场客户发放的消费贷款占银行贷款总额的比例。如果一家银行的这一指标得分高于33%的阈值，其可持续发展目标得分将提高1分。此外，已发行的零售抵押贷款的价值有助于可持续发展目标11.1——社区增长和发展。如果被评估银行的零售总额份额达到25%的门槛，其可持续发展目标得分将提高2分。如果其零售抵押贷款占所有贷款的比例至少为一半，其可持续发展目标得分将提高3分。

步骤2：公司如何生产？步骤1评估公司产品的影响，而步骤2则评估公司生产这些产品的过程。分析师核查被评估公司的经营方式是否符合可持续发展目标的要求。具体而言，公司如何生产产品和提供服务？他们是否造成污染，他们是否尊重劳工权利，董事会是否多元化？相关分析要基于对公司治理、内部政策及其关于可持续性问题历史记录的评估。数据输入包括来自第三方数据源的初步研究和公司可持续性绩效数据，以全面评估公司的可持续性影响。

为此，框架提供了详细指导。继续以银行业为例，框架指导分析师剖析以下方面：（1）是否存在侵略性销售行为；（2）针对那些损及可持续发展目标的部门（如煤炭开采和武器制造业）的贷款政策；（3）气候变化政策；（4）积极影响（如推行小额融资）。

步骤3：有无明显争议？即使某公司以正确的方式生产正确的产品，仍有可能卷入一些损及可持续发展目标的争议和丑闻，如石油泄漏、欺诈、贿赂和侵犯人权。因此，有必要进行最后一轮把关，分析师评估公司是否涉及相关争议或法律纠纷。这轮审查的关键因素包括：该争议是否对可持续发展目标产生了不利影响？公司管理层是否采取了适当的补救措施？公司是否采取了关键措施以确保未来不再出现此类问题？

这三个步骤分析的最终结果是以可持续发展目标得分的形式进行量化（见下图）。对可持续发展目标产生积极影响的公司可获得 +1 至 +3（最低至最高）的可持续发展目标得分，这取决于其对可持续发展目标贡献的强度和质量。同样，对可持续发展目标产生负面影响公司的可持续发展目标得分为 −1 至 −3（最差），这取决于它们偏离可持续发展目标的程度。当总贡献既不是净正、也不是净负时，公司也可能获得中性分数（0）。由此产生的公司可持续发展目标得分可用于荷宝可持续发展目标投资产品的投资筛选和投资组合分析。

产品	量化贡献
经营	量化贡献
争议	量化贡献

评估	影响	SDGs得分
积极	高	+3
	中	+2
	低	+1
中性		0
消极	高	-1
	中	-2
	低	-3

KPI 评估加总得到 SDGs 得分

二、生态公民与可持续消费

践行可持续发展需要转变生产方式和生活方式，前者主要针对企业，后者主要针对居民。企业要从事可持续管理，居民也责无旁贷，应该具备可持续发展素养，争做生态公民，进行可持续消费。

可持续发展素养是新时代公民必须具备的核心素养之一。我们身处的这个新时代可以用很多不同的关键词来界定，如信息化时代、智能时代、数字时代、"互联网 +"时代、可持续发展时代等。不同关键词对新时代公民核心素养的要求各有侧重。

　　"核心素养"概念的提出与人类社会发展密切相关，是社会生产力与生产方式发展变化的产物。不同历史时期的人们对"核心素养"的理解有所不同，这些理解反映出特定历史时期社会发展的需求，也是当时人们对教育应"培养什么样的人"这一问题的回答。接下来分别从农业社会、工业社会和信息化社会三个阶段概述人才观发展演化的历史过程。

　　农业社会注重以"品德"为中心的人才观。教育应该培养什么样的人，一直是教育家、哲学家探讨的核心问题。早在两千多年前的古希腊，哲学家苏格拉底就提出了"美德即知识"这一重要命题。后来的哲学家，如柏拉图、亚里士多德、西塞罗等，提出了公民必须拥有的几种重要德性：正义、智慧、勇敢、节制等。亚里士多德还希望城邦公民具有公民参与精神。在我国，以孔子为代表的思想家们也围绕健全人格进行了思考，形成了"内圣外王"的传统人才观，认为人最重要的就是德行修养。南宋著名理学家朱熹认为，教育的目的在于"明人伦"，学生自幼就须从洒扫应对进退、礼乐射御书数开始，以修养孝悌忠信之道，强调"立志""居敬""存养""省察""力行"的人才培养方法和途径。可见，无论是在西方还是在东方，传统的人才培养标准都将高尚的道德品质列为第一位，这些德性品质体现了先哲们对人才内涵的理解，也体现出农业社会的显著特征。

　　工业社会注重以"能力"为中心的人才观。伴随着工业革命的发生和工业社会的到来，人们普遍重视起行业技能及以职业需求为导向的关键能力。与之相应的是，"能力"为中心的理念成为工业社会不同学科研究者的共同人才观。莱尔·M.斯宾塞（Lyle M. Spencer）等人提出了素质的"冰山模型"，认为人的能力既包含外显表现，也包含潜在特质，而后者具有跨领域性。让·皮亚杰（Jean Piaget）将能力解释为一般智力，强调通过同化和顺应双向建构过程实现个体与环境的交互作用。艾弗拉姆·诺姆·乔姆斯基

（Avram Noam Chomsky）基于能力—表现模型，提出了"与生俱来的语言能力"。霍华德·加德纳（Howard Gardner）提出了多元智能理论。总之，基于工业社会的特征及需求，以"能力"为中心的人才观被广泛研究和探讨，其局限在于主要停留在智能层面，而没有考虑人的健全发展所需的情感、态度和价值观。

信息化社会注重以"素养"为核心的人才观。随着经济全球化、信息化进程的加快，为了适应复杂多变时代的多元需求，传统的"能力""技能"等概念已不再适用，取而代之的是"核心素养"。在联合国教科文组织、欧洲联盟等国际组织的影响下，"素养"这一概念融合了"知识""能力""态度""价值观"，已经成为培养高素质人才的基础。这一理念受到世界各国的重视，并被作为教育改革与课程改革的核心。

那么，展望未来，新时代的公民应该具备哪些核心素养呢？

一是财经素养。新时代的公民需要掌握基本的经济学知识，领导干部也不例外。2022年中央经济工作会议明确指出，领导干部要提高领导经济工作的专业能力，经济社会发展是一个系统工程，必须综合考虑政治和经济、现实和历史、物质和文化、发展和民生、资源和生态、国内和国际等多方面因素。领导干部要加强经济学知识和科技知识的学习，特别是要悟透以人民为中心的发展思想，坚持正确政绩观，敬畏历史、敬畏文化、敬畏生态，慎重决策、慎重用权。总体来看，目前仍有很多人并不具备财经素养，甚至分不清股票、债券、基金等基本概念之间的区别和联系。除了储蓄，他们不掌握丰富多样的理财手段。有的人辛苦劳作，但并不了解如何让资产保值增值、让钱生钱。他们通常把钱放口袋里、枕头下、地窖中、箱子底，或者直接存入银行，最终留给子女的多是房产、土地、黄金珠宝和银行存款。显然，如果这些人具备财经素养，他们就能读懂经济政策，优化理财选择，拓展增收渠道。

二是数字素养。全球已经进入数字经济时代，数据成为重要的生产要素，数据的生产、存储、交易和使用正在重塑世界经济形态。因此，公民需要基本的数字素养，学会收集、分析和运用数据，特别是大数据，以便更好地指导个体决策。例如，许多超市通常会在收银台附近摆放口香糖、微型电池等小商品，这是超市利用大数据优化商业决策的行为，商家基于消费者海量的消费数据，了解顾客的购买偏好和行为习惯，然后据此归类摆放商品，旨在实现利润最大化。2022年，《中共中央 国务院关于加快建设全国统一大市场的意见》提出，要加快培育统一的技术和数据市场，加快培育数据要素市场，建立健全数据安全、权利保护、跨境传输管理、交易流通、开放共享、安全认证等基础制度和标准规范，深入开展数据资源调查，推动数据资源开发利用。

三是科学素养。科学素养的重要性无论何时、无论怎么强调都不过分。"科学技术是第一生产力"是邓小平同志提出的重要论断。然而，尽管我们身处科技飞速发展的新时代，反科学的现象仍屡见不鲜。为了跟上新时代的步伐而不落伍，每个公民都需要努力学习科学知识，具备科学素养。

四是可持续发展素养。全球已经进入一个以可持续发展为主要特征的新时代，联合国《2030年可持续发展议程》标志着可持续发展成为指导各国政策与行动的全球普适性发展战略。拥护可持续发展，积极减缓和应对气候变化，日益成为全球主流价值观。正如有位哲人说过，如果苏格拉底生活在今天，他可能会是另一个苏格拉底，因为他将不得不思考与环境有关的哲学问题，进而成为一名环境哲学家。罗马帝国的盛衰一直是古往今来学者们热议的话题，学者 E. 库拉（E. Kula）尝试从环境经济学角度解释罗马覆灭的原因：罗马曾经拥有丰富的自然资源，政府的实力盛极一时，但为什么强大的罗马未能持久？他认为，原因之一是罗马帝国存在严重的自然资源滥用现象，导致土地污染、森林减少、过度盐碱化和土地侵蚀。被罗马征服的一些地区曾经有很不错的自然条件，可是罗马的统治使之受到了致命的摧残。更糟糕的是，尽管罗马拥有丰富的自然资源，但是没能建立一套行之有效的经济结构。罗马统治者一方面推行严酷的刑法，另一方面依赖奴隶劳动，这样的经济体制不能提高生产能力，更不可能使他们明智地使用自然资源。加上其他历史原因，罗马帝国的覆灭可以说在情理之中。因此，新时代的公民要具备可持续发展素养，必须学会理解这个世界的复杂性，并通过相互合作、表达心声和采取行动，促成积极变化，争做合格的可持续发展公民。

此外，新时代的公民还需具备健康、文化、历史和法律等素养。

专栏 6.3　公众环境风险感知与亲环境行为 ①

中国"十四五"规划明确要求推动绿色消费，广泛形成绿色生产生活方式。这将有助于提升全社会环保意识，引导企业和居民采取亲环境行为。然而，公众往往由于动力不足或客观条件限制，未能采取亲环境行为。

亲环境行为（又称环境友好行为）可被视为个体受思想支配而表现出的有利于环境保护的活动，一般分为公域友好行为和私域友好行为。公域友好行为主要表现为自上而下的规制性行为，私域友好行为表现为自下而上的弥散性行为。亲环境行为受多种因素影响，如年龄、受教育程度、个人收入等基本特征。为了进一步探讨具有不同特征的个体之间亲环境行为的差异，有学者对样本进行了分城乡、分性别讨论。研究发现，城市居民的环境行为较农村居民更为积极，女性更关心环境问题，这可能是因为男性和女性的传统社会角色、气质和价值规范有所不同。

---

① 主要来源：林永生、张琅、董战峰：《城乡居民环境风险感知对环境行为的影响差异研究》，载《生态经济》，2021（12），有改动。

也有学者专门关注青年群体的亲环境行为，认为青年的环境知识和风险感知程度对其环境友好行为有积极作用。除此之外，许多种养殖户为了规避个人损失，基于理性经济人的假设，有意或无意地表现出了亲环境行为，如适度的土地规模化有利于农户秸秆还田，农药补贴能够提高环境友好型农药的使用率。

环境风险感知是公众选择并实施环境行为的重要前提条件。多数学者认为环境风险感知对环境行为有促进作用，一般性、污染性和技术性环境风险感知对公众选择亲环境行为均有显著促进作用。但也有研究认为环境风险感知与环境行为间的关系具有不确定性，"风险感知悖论"指出，具有高风险感知的个体不一定能够采取防范行为。还有学者研究发现，环境风险感知和环境行为之间存在感知—行为偏差，偏差的产生与个体年龄、政治面貌、环境知识、社会交往等因素有关。公众环境行为受环境风险感知的影响并不是固定的，环境知识、政府信任、政治参与度等可能会在其中起到调节作用。

林永生、张琅、董战峰利用中国综合社会调查数据，探究城乡居民环境风险感知对环境行为的影响差异及其内在机制。研究结果显示，中国城乡居民的环境风险感知对亲环境行为均有显著正向影响。其中，女性、年长者、受教育水平较高者等群体更易采取亲环境行为。

可持续发展涵盖经济、社会和环境三大维度，因此，可持续发展公民的概念比生态公民的概念更为宽泛，相应的要求也更多。生态公民主要关注生态环保问题。不过，鉴于人们对经济和社会可持续方面的讨论已经很多，而且生态环境保护在可持续发展中的重要性越来越凸显，这里重点探讨生态公民问题。

林永生和鲍光楚在《知行合一：生态公民形象与担当》一书中详细阐

释了生态公民的内涵及其历史溯源。生态公民是公民在现代社会中的具体分类，一般具有以下三个特征：（1）生态公民的前提是具有社会认可的公民身份；（2）生态公民应该具有系统的基础生态文明意识；（3）生态公民应该根据生态理论开展生态建设的实践活动。

生态公民在道德上的自律应高于对公民个体利益的考量。人既是生产者，也是消费者，绿色消费直接与公民权利的履行挂钩。英国贝尔法斯特女王大学政治系学者约翰·巴里（John Barry）指出，本质上，公民的生态化是创造一种身份、一种思考和行为模式的尝试，最终形成生态管理人所必需的性格特质。

生态公民有时被视为一种公民权益，应该被纳入道德体系及法律体系。放任式、无领导的生态公民活动可能会破坏生态环境。政府应在社会公共福利及基础建设方面增加对生态公民的支持，这涉及政府部门的公共事务服务与管理。如果将生态公民的权益及范围进一步扩大，单个政府或地区并不具备应对全球范围内生态环境事务的能力。一方面，这受到管辖区域的限制；另一方面，全球各地的生态环境问题存在差异性，各地公民的认知和行为能力也不尽相同。

公民的身份认知分为两类，一是公民对自身身份的认知，二是社会对公民身份的认知。公民对自身身份的认知来源于社会实践活动，我们是什么样的人是通过我们的行为体现出来的，而不是先成为什么样的人才去做什么样的事。生态公民的身份塑造是在投入时间和精力的生态实践过程中形成的，更侧重于道德教养。基于这种道德教养而形成的社会团体和组织，似乎有着超越普通公民认知的集体责任和义务意识。此时，公民的责任和道德高度已经不仅仅是局限于当下时代的人类，也包括未来的人类及与人类相关的自然。生态公民的社会身份带有明显的共享性质。在西方发达国家，共享主义生态公民理论广为流行，该理论认为生态公民是一种全新的身份认定，这种身份的普及意味着道德、政策、法律、制度等社会规则需要大幅更新。这听起来更像是一种较为激进的政治绿色运动。英国开放大学政治学教授安德鲁·多布森（Andrew Dobson）认为生态主义是独立的政治意识形态。生态公民脱胎于传统的国家社会公民体系结构，其结构并不稳定，其社会性以社会团体为主。与传统公民以社会利益为联系的社会关系不同，联系生态公民的更多是社会公益而非利益，这些公益关系在时间、空间上的分布和联系较为松散。

在近现代国家社会结构体系中，"公民"（citizen）是组成社会群体的个体单元，公民享受国家政治范围内的权利，同时履行其政治身份所应尽的义务。这一概念在西方社会由来已久，最早出现在古希腊的城邦社会。"公民"的古希腊文写作"polites"，它的词根源于"polis"，意为城邦。在进行拉丁语翻译时，"polis"被译为"civis"。早期的公民是指归属于城邦的人，强调的是个体对共同体的依附。早期社会对公民身份属性的认定标准主要是参与和依附。对于早期的公民认知，在公元前 6 世纪—前 4 世纪的希腊城邦最为完善，其中以雅典城市最为著名。在这一批政治家和哲学家中，亚里士多德首屈一指。亚里士多德推崇柏拉图主义，批判极端化的雅典民主政治。在此过程中，亚里士多德对公民的身份和行为进行了深入研究。"公民"这一概念从早期发展到现代的"生态公民"，其含义发生了较大的改变。从社会关系的角度来看，生态公民将社会关系从人与社会延伸到人与自然。从生存空间来看，生态公民的空间从单一民族国家扩大到生态共同体。

1991 年，加拿大宣布并实施了一项总耗资约 30 亿加元的生态项目——绿色保护计划。其核心主题是"可持续发展"，涵盖空气、水、土地、空间等资源。该项目计划提到要加强各级环境保护教育，使每一位加拿大公民具有较高的环境意识、技能及其他环境保护相关的知识。该计划还号召公民参与生态行动，引发了关于什么是生态公民、培育生态公民的意义及如何做好生态公民的思考，希望能唤醒公民的生态意识和环保意识，契合了当时国际关注的"公民"与"环境"运动。在此之后，学术界对"生态公民"这一课题展开了激烈的研讨，主要探讨的内容是生态公民如何从一个政治和理论概念转变为实践行动。其中，范·斯廷博根（Van Steenbergen）、安德鲁·多布森、约翰·巴里等学者为主要代表。斯廷博根1994年发表《迈向全球生态公民身份》一文，他在文中对生态公民从概念到身份实体做了阐释。《公民身份与环境》由安德鲁·多布森在2003年出版，2006年他又出版了《环境公民》一书，在学术界掀起了生态公民研究的热潮。这些研究主要围绕生态公民是否区别于传统公民的身份属性，从而在理论层面明确生态公民的含义。多布森提出，生态公民具有超越国家和地区、作为世界公民的意义，实际上是一个去国家化和去民族化的生态共同体。多布森在《公民身份与环境》一书中首次明确提出，在生态公民的教育过程中必须将环境教育融入其中，生态公民的培育重点在于培育方式和教育内容。生态公民的培育需要学习生态学知识，提升公民的自我认知，了解生态运行的规律和环保目标。生态公民的培育要从小抓起，注重校内教育和校外教育相结合，转变传统教学方式。

早期学者从人权意识出发，认为公民所要求的健康、美观、对人有益的生活空间是公民应该享有的人权。从政治、法律和社会学等角度来看，健康舒适的生活环境是人的基本生活条件。20世纪末，全球生态问题已经到了无法掩盖的地步，由此引发的生态运动对传统公民的社会关系是否适合社会的生产、生活提出了质疑。从20世纪90年代开始，国外学者提出了多种与"生态公民"基本思想一致的相近名称，如绿色公民（green citizenship）、环境公民（environmental citizenship）、可持续公民（sustainability citizenship）、环境理性公民（environmentally reasonable citizenship）、生态管理人

（ecological stewardship）等，体现了这一时期的学者对环境和人之间关系的广泛思考。关于相关词语概念的界定，初期有学者做过一些解释和区分，逐渐统一称呼为"生态公民"。目前，生态公民的理论研究主要体现在生态公民的培育、生态公民的形象塑造、生态公民的责任和义务等方面。

亿欧智库重点关注中国青年群体的"可持续消费"认知和行动，并创建了一个"可持续消费"行为与认知过渡模型。该模型认为，个体存在行为与认知之间的过渡历程，量变积累形成质变，行为与认知相互影响并不断进化，最终影响他人，形成人群间的传递效应。2022年5月，亿欧智库基于6场座谈会和5位专家访谈以及2500份定量有效样本，发布了《从意识到行动：双碳目标下的中国青年可持续消费研究报告-2022》。依据该报告，"可持续消费"概念包括方方面面，其中占比最高的两项为——节约资源和能源（62.2%），如节约用水、节约用电等；使用循环可再生材料（61.0%），如环保购物袋、可再生材料的衣物等。整体来看，在青年群体心目中，"可持续消费"概念深入"衣""食""用""行"四大生活领域。接下来，分别从认知和行动两大方面介绍这份报告所揭示的中国青年群体可持续消费状况。

在认知方面，中国青年对多个可持续发展议题表达关注，如"全球气候变暖"（关注度67.2%）、"保护清洁水源"（关注度66.8%）、"保护蓝天和清洁的空气"（关注度60.4%）等。碳达峰、碳中和在青年群体中的关注度达到58%，显示出一定的消费侧认知基础。与可持续发展相关的生活方式可以激发青年群体的可持续消费意识，如垃圾分类、节约水电等。公共交通、骑行等低碳出行方式，对可持续消费意识也有较高的激发作用。随着追求健康人群的增加，轻食、减少肉类摄入、减肥等生活方式也正在被广泛采纳，并激发了相应群体的可持续消费意识。政府倡导的光盘行动、企业倡导的蚂蚁森林与捐赠步数活动在青年群体具备高认知度。此外，世界自然基金会提出的"熄灯一小时"、联合国推出的"世界环保日"、盖洛德·尼尔森（Gaylord Nelson）和丹尼斯·海斯（Denis Hayes）发起的"世界地球日"等国际活动，在国内青年群体也有广泛的认知基础。关于"可持续消费"的认知渠道，传统大众媒体（如电视、广播、书籍等）依旧是青年最高的认知渠道，占比达 77.5%。其次是社交媒体（如微信、微博、抖音、快手等），占比达 60.9%。政府宣传活动、社区宣传活动，同样是青年群体获取"可持续消费"信息的高认知渠道，占比分别为 51.6%、50.6%。

在行动方面，进一步可分为"衣""食""用""行"四大领域。

在"衣"的领域，即鞋服箱包类产品，有 56.5% 的青年群体从未购买或使用过"可持续消费"相关产品。由此推导，此类产品的综合渗透率为 43.5%，市场仍需较长时间进行传达与渗透。相对来说，旧衣回收或旧衣捐赠、可再生或可回收材料的手袋／箱包渗透率较高，分别为 37.0% 和 30.3%。产品传达的可持续理念和对环境保护的积极作用，对"可持续消费"鞋服箱包类产品的购买促进作用明显。在青年购买人群中，49.2% 的消费者因此购买。优质的可溯源产品用料（42.6%）、好看的设计（32.8%），以及内容社交平台（33.6%）与电商平台（25.7%）的推荐，即产品与营销对"可持续消费"产品的推广作用明显。在青年购买人群中，44.2% 的消费者希望通过此类行为践行可持续生活方式和消费。在"可持续消费"鞋服箱包类产品的青年购买者中，年均购买次数一般为 2 ～ 4 次，综合占比为 79.0%，每次的购买金额集中在 300 ～ 500 元，占比为 41.0%；500 ～ 1000 元，100 ～ 300 元也具有一定比例，占比分别为 25.0%、22.8%。

在"食"的领域，有 6.8% 的青年群体从未购买或使用过"可持续消费"类饮食产品。以此推导，此类产品的综合渗透率为 93.2%，市场接受度较高。相对来说，自带餐具、自带杯的行为渗透率较高，分别为 55.4% 和 49.6%。产品传达的可持续理念和对环境保护的积极作用，对"可持续消费"

饮食行为促进作用明显，43.1% 的消费者因此践行可持续消费。有助于身体健康（37.1%）、优质的可溯源产品用料（36.4%）、体验口感（31.7%），以及减肥、断食、素食（31.6%）等个性化需求，也促进"可持续消费"饮食产品的推广。在青年践行人群中，39.3% 的消费者希望通过此类行为践行可持续生活方式和消费。一线城市青年购买可持续食品更多是出于理念，五线青年倾向于冲动性购买。在"可持续消费"饮食产品的青年购买者中，月均购买次数为 2 ~ 4 次，综合占比为 77.8%。每次的购买金额集中在 100 ~ 300 元，占比为 50.2%。300 ~ 500 元和 100 元及以下也具有一定比例，占比分别为 32.5%、16.0%。

在"用"的领域，重点分析"可持续消费"化妆品和二手品的购买和使用状况：（1）有 55.8% 的青年群体从未购买或使用过"可持续消费"化妆品。以此推导，此类产品的综合渗透率为 44.2%，市场仍需较长时间进行传达与渗透。相对来说，使用环保材料、使用可回收可降解的包装材料渗透率较高，分别为 31.4% 和 30.4%。产品传达的可持续理念和对环境保护的积极作用，对"可持续消费"化妆品购买促进作用明显，46.1% 的消费者因此购买。自然、有机等护肤理念（45.4%）、优质的可溯源产品用料（40.3%）、有助于身体健康（33.0%）等产品特点，以及内容社交平台（35.1%）、电商平台（23.6%）等营销推荐，也促进"可持续消费"化妆品的推广。在青年践行人群中，41.4% 的消费者希望通过此类行为践行可持续生活方式和消费。"可持续消费"化妆品的青年购买者中，年均购买次数一般为 2 ~ 4 次，综合占比为 83.0%。每次的购买金额一般集中在 300 ~ 500 元，占比为 42.9%。500 ~ 1000 元，100 ~ 300 元也具有一定比例，占比分别为 22.2%、23.7%。（2）有 38.2% 的青年群体从没有购买或使用过二手产品。由此推导，此类产品的综合渗透率为 61.8%，市场拥有一定的接受基础。相对来说，二手数码电子产品、二手家居用品、二手家具渗透率较高，分别为 32.6%、32.2%

和 30.6%。产品传达的可循环使用理念，对二手产品的购买促进作用明显，51.9% 的消费者因此购买。价格低廉（47.7%）、产品可溯源（34.5%）等产品特点，以及内容社交平台（31.7%）、电商平台（23.2%）等营销推荐，也促进二手产品的推广。青年践行人群中，45.6% 的消费者希望通过此类行为践行可持续生活方式和消费。在二手产品的青年购买者中，年均购买次数一般为 2 次及以下，综合占比为 80.8%。价格期望主要集中在 3 ～ 7 折，其中 6 ～ 7 折的期望占比为 56.3%，3 ～ 5 折的期望占比为 35.4%。

在"行"的领域，出于公共交通更加便捷（62.2%）、交通拥堵（57.1%）、出行时距离并不远（52.7%）等原因，青年群体在出行时积极选择共享单车或公共交通。共享单车在各级城市的渗透，以及公共交通的基础建设，正在推动更广泛的青年群众更便捷地践行绿色出行。分别有 24.7% 和 50.8% 的青年群体表示，相比于过去，以步行或单车作为出行方式明显增加或有所增加。由此可见，在青年群体中，"可持续消费"出行在生活中的渗透是不断提高的。有 10.7% 的青年群体表示已经购买新能源车。选择新能源车的主要原因是费用更低，占购买人群的 78.0%。购买新能源车的主要驱动力是安全系数高（68.3%）和续航能力满足需求（63.4%）。

三、可持续发展教育（ESD）和可持续教育（EiS）

践行可持续发展，既要求企业从事可持续管理，也要求居民进行可持续消费，还要求学校推行可持续发展教育（ESD）和可持续教育（EiS）。许多拥护可持续发展的政府官员、可持续型企业家和生态公民都是在学校接受了相关教育，形成了对可持续发展的早期认知。当然，在此需要提前做出两点说明：(1) 很多不支持可持续发展的政府官员、企业家和公民同样在学校接受了相关教育，这也从另一个侧面说明学校的可持续发展教育和可持续教育依然任重道远；（2）对于终身教育而言，可持续发展教育和可持续教育的场所包括但不仅限于学校，还涵盖更广的时间和空间范围。

教育与可持续发展目标之间有着密切联系（见表6-4）。实现优质教育本身是可持续发展目标的重要组成部分，同时教育为实现其他所有可持续发展目标奠定了基础，是实现可持续发展目标的重要手段和关键战略。联合国教科文组织总干事奥德蕾·阿祖莱（Audrey Azoulay）指出，教育必须培养学习者理解当前环境危机并塑造未来世界的能力：为了拯救地球，我们必须改变生活、生产、消费及与自然互动的方式。将可持续发展教育纳入所有学习计划，必须成为基础性共识，并在世界各地得到普及。[①]

表6-4 教育与可持续发展目标之间的联系[②]

目标	联系
目标1	教育对于摆脱贫困至关重要
目标2	教育在帮助人们采取更可持续的农业方法和获得营养学知识方面发挥着关键作用
目标3	教育可以对一系列健康问题产生重大影响，包括降低早期死亡率、改善生殖健康、减少疾病传播、促进健康的生活方式和提升幸福感
目标5	妇女和女童教育有助于提高基本读写能力、参与技能和能力，并改善她们的生活前景
目标6	教育和培训提高了人们更加可持续地利用自然资源的技能和能力，并能够改善卫生状况
目标7	教育方案（尤其是非正规和非正式方案）能够促使民众更好地节约能源，利用可再生能源
目标8	经济活力、创业精神、就业技能和教育水平等领域之间存在着直接联系
目标9	教育对于建设更经久耐用的基础设施和实现更加持续的工业化至关重要
目标10	如果提供平等的教育机会，教育将对社会和经济不平等产生明显的影响

---

① 关成华、陈超凡等：《可持续发展教育：理论、实践与评估》，12页，北京，教育科学出版社，2022。

② 同上书，13页。

续表

目标	联系
目标 11	教育可以让人们有能力参与建设和维护更具可持续性的城市，并在面对灾难时具备应变能力
目标 12	教育可以对生产模式（如循环经济）产生重要影响，并大大有助于消费者了解可持续生产的产品，防止浪费
目标 13	要普遍了解气候变化的影响及相关应变和缓解措施，教育是关键，对于地区来说尤其如此
目标 14	教育非常有助于培养海洋环境意识，并达成对资源可持续利用的积极共识
目标 15	教育和培训提高了人们的技能和能力，以便支持可持续生计，保护自然资源和生物多样性，对于已经受到威胁的环境来说尤其如此
目标 16	社会学习对于促进和确保社会参与性、包容性和公正性，以及增强社会凝聚力来说至关重要
目标 17	终身学习使我们能够理解和促进可持续发展政策和实践

可持续发展教育起源于环境教育，20 世纪 70 年代召开的三次国际会议促使环境教育在学校教育中获得了正式地位。1972 年，联合国人类环境会议强调了教育在保护和改善环境中的作用，并进一步指明了环境教育的对象与发展策略。1975 年，国际环境教育规划署组织了贝尔格莱德国际环境教育研讨会，促成了第一个政府间的环境教育国际声明——《贝尔格莱德宪章：环境教育的全球框架》（以下简称《贝尔格莱德宪章》），强调了教育的重要性，为环境教育在世界范围内的实践提供了理论指导。1977 年，第比利斯会议颁布了《第比利斯政府间环境教育宣言建设》，该宣言在延续《贝尔格莱德宪章》理念的基础上指出，教育在促进人们认识并更好地理解环境问题方面应该发挥主要作用。教育必须培养人们对待环境和利用国家资源方面的正确态度，环境教育是一个全面的、终身的教育过程，具有跨学科和整体性。1987年，联合国大会通过的报告《我们共同的未来》指出，教育尤其是基础教育在解决当前及今后人类困境方面具有重要作用，报告强调要认识到加强公众

发展与环境意识教育的重要性，以及提高生存、生活技能和参与公共决策能力的重要意义。1988年，联合国教科文组织从环境教育的目标、性质、内容、任务等方面出发，重新调整并整合形成了"可持续发展教育"（Education For Sustainability）这一概念，这是联合国教科文组织首次针对"可持续发展教育"做出的早期倡议。

1992年，联合国环境与发展大会通过了《21世纪议程》，该议程第36章集中阐述了教育在可持续发展中的作用与地位，并正式采用了"环境与发展教育"（Environmental and Development Education）这一术语，将其与"学校教育"加以区别，明确了"环境与发展教育"的教学内容、对象与途径。1993年，为普及和落实可持续发展理念，联合国设置了可持续发展委员会。至此，联合国教科文组织认为环境、人口与发展三方面存在相互作用的复杂关系，这些关系直接影响社会文化、政治、宗教、技术与可持续发展。因此，应该采用综合的方法来解决环境、人口与可持续发展问题。为此，1994年，在可持续发展委员会的协助下，联合国教科文组织提出了"教育为可持续未来服务"（Education for Sustainable Future）的跨学科计划——为人类发展的环境、人口和信息教育（Environment and Population Education and Information for Human Development）。同年，美国可持续发展总统咨询委员会把可持续发展教育定义为一种终身学习的过程，旨在培养具备解决问题的能力、科学与人文修养，以及承诺参与负责任行动的世界公民。

1996年，第四届可持续发展委员会会议就《21世纪议程》第36章"促进教育、公众意识和培训"中的教育问题进行了说明，提出了"关于促进教育公众认识和培训的特别工作纲要"，其中指出了可持续发展教育的目标及特征，并结合联合国长期关注的"教育"和"可持续发展"两个领域，进一步深化了可持续发展教育概念的内涵，提出了一个描述性的定义。同时，会议还向联合国教科文组织提出了具体要求，将人口、卫生、经济、社会、人类发展、和平与安全的知识统一起来，以明确可持续发展教育的概念与宗旨。此外，英美两国还提出了针对学校教育的概念定义，确立了可持续发展教育概念体系应当涉及的关键概念。

2002 年，约翰内斯堡峰会扩展了可持续发展的概念，将社会公正和消除贫困包含其中。会议提出了通过国际行动把设想变成现实的任务，包括消除贫困、改善妇幼健康、扩大教育机会和改变教育中等的性别不平等等现象。其中，可持续发展教育强调了教育在实现可持续发展中的核心作用。同年 12 月，第 57 届联合国大会通过了第 57/254 号决议，将 2005—2014 年确定为"可持续发展教育十年"。

自 2005 年开始，联合国在纽约总部正式启动了《联合国可持续发展教育十年（2005—2014）国际实施计划》（以下简称《十年计划》）。该计划在可持续发展教育的概念及理论体系的发展上实现了重大突破，并取得了较广泛的国际共识。《十年计划》主要从三个方面描述了可持续发展教育：（1）认为可持续发展教育是涵盖生活各个方面的终身教育，它要求个人、机构和社会把未来视作我们共同的责任；（2）确定了可持续发展教育的目的和活动要达到的目标；（3）为协调、统一的国际行动和活动计划确定了十个教育主题。总体来看，《十年计划》通过发挥教育的核心作用，鼓励各成员国政府改进可持续发展教育的教学、促进各成员国之间可持续发展知识的传播、交流，并唤起公众的可持续发展意识。《十年计划》标志着世界可持续发展教育进入了一个崭新的阶段。

随后，2009 年，首届世界可持续发展教育大会发布了《波恩宣言》，将可持续发展教育纳入未来公共教育政策。2012 年，在巴西里约热内卢举行的联合国可持续发展大会发布了报告——《我们憧憬的未来》，进一步促进了可持续发展教育，并在《十年计划》之后更加积极地将可持续发展纳入教育体系。该大会提出的可持续发展教育还得到了其他全球关键协定的认可，如《巴黎协定》第 21 条。2013 年，联合国教科文组织大会批准了《可持续发展教育全球行动计划》。2014 年，联合国教科文组织全球全民教育会议可持续发展开放工作组发布了《马斯喀特协议》。2015 年，世界教育论坛发布了《仁川宣言》和《教育 2030 行动框架》。2018 年，联合国教科文组织发布了报告《可持续发展教育的问题和趋势》。2019 年 11 月和 12 月，联合国教科文组织发布了新的全球可持续发展教育框架及实施路线图。该路线图阐明了 2030 年可持续发展教育的实施框架，并强调了五大优先行动领域：（1）更新和推进政策。良好的政策环境是实施其他各项政策的前提和基础，必须将可持续发展教育纳入全球、区域、国家和地方的教育和可持续发展政策。（2）改变学习环境。所有学习组织需要与可持续发展原则保持一致，通过采取与可持续发展原则相适应的教学方法和教学内容来构建可持续发展教育学习环境，从而让学习者更好地生活在可持续的世界中。（3）加强教育者能力建设。赋予教育者向可持续转型所需的知识、技能、价值观和态度。（4）调动赋能青年群体。承认青年是应对可持续挑战和参与相关决策的关键行动者，要充分尊重青年的主体地位，通过影响和改变青年来实现可持续发展目标。（5）推动地方实践。可持续发展最终要落实到每个人的日常生活中，要关注基层实践，特别是社区行动，因为社区是最有可能发生有意义的变革和行动的地方。

2020 年 12 月，联合国教科文组织发布报告《学会融入世界：为了未来生存的教育》，提出了七大"教育宣言"。2021 年 5 月，联合国教科文组织世界可持续发展教育大会通过了《柏林可持续发展教育宣言》，该宣言提出，教育是促进人们的心态和世界观发生积极转变的强有力手段，教育可以协助整个可持续发展的各个方面——经济、社会和环境，确保发展轨迹以地球上所有成员的福祉为目标。这次柏林会议的主题为"为地球学习，为可持续发展而行动"。

　　然而，联合国教科文组织倡导推行的可持续发展教育也招致了很多批评，主要可归纳为以下四类：（1）可持续发展教育的定义并不连贯一致。（2）可持续发展教育过于规范。它旨在灌输价值观，塑造人们的行为，因而不尊重自由权利及其他一些民主价值观。（3）可持续发展教育削弱或破坏了环境教育。可持续发展教育是由企业友好型的新自由主义发展模式塑造出来，它与环境保护在根本上并不相容。它使可持续发展成为"环境教育的新目标"。（4）可持续发展教育试图传播为社会再生产而做出贡献的知识和价值观，而不是考虑和鼓励知识、价值观的社会建构，以服务于具备社会改革能力的公民参与。①

　　为此，美国两位学者瑞达尔和艾伦提出并建议推行可持续教育（Education in Sustainability, EiS）。他们认为，可持续发展课程至少应该包括以下内容：（1）传授关于复杂系统的科学思维，明确强调关注科学调查、证据和解释的性质；（2）地质学、海洋与气候科学、生态学与生命史；（3）地理学、社会生态系统、社会存在与崩溃的模式；（4）经济和政治的世界历史，尤其关注资源与生产、能源转型、环境影响与治理、发展政策、债务及国际合作的机构平台；（5）地方性与全球性的公民权益与合作；（6）技术和创意设计；（7）在批判性和创造性思维方面的经验与教训，在回应证据与不确定性、预期影响及考虑备选方案过程中，侧重于对理性、想象力和远见等方面失误的诊断与修复；（8）对广告、文化与生活方式选择进行批判性思考方面的媒体素养和实践；（9）心理与健康，尤其强调福祉、情绪与动机；（10）可持续伦理学。关于具体的教学过程，他们建议：（1）尊重儿童的知情权、独立思考能力，以及他们用以负责任地过好生活的良好判断力。尊重教师们的专业判断力，为他们提供机会去学习需要了解的知识，还要承

---

　　① ［美］瑞达尔·卡伦、艾伦·米茨格：《踵事增华：可持续的理论解释与案例举要》，关成华译，238～239页，北京，北京师范大学出版社，2021。

认并感谢他们在提供创新教学领域的成就。（2）要系统地教授环境研究。（3）把环境研究与真实历史、史前史整合起来。（4）将经济学与环境研究相结合。（5）鼓励智慧、创造性和适应能力。（6）倡导低影响力的活动，鼓励人们将其作为过上美好生活并且符合可持续发展原则的基础。（7）学校去商业化。（8）教授批判性思维，使孩子们能够从宣传中辨别真相。（9）通过文献和艺术来倡导批判性自省和创造性生活。（10）运用合作学习、公民学习和基于项目的学习。（11）让孩子们为全球合作做好准备。（12）让每个人都做好准备去面对一个生育率较低、人口较少的世界。①

专栏 6.4 地球大数据支持可持续发展目标②

作为科技创新的重要方面，大数据正在为科学研究带来新的手段和方法论。作为集地球科学、信息科学和空间科技等多学科交叉融合的产物，地球大数据不仅来源于空间对地观测，还包括陆地、海洋、大气及与人类活动相关的数据。它具备海量、多源、异构、多时相、多维度、高复杂度、非平稳及非结构化等特点，成为人类认识地球的新钥匙和知识发现的新引擎，可在促进可持续发展中发挥重大作用。可持续发展目标，特别是地球表层与环境、资源密切相关的诸多目标，具有大尺度、周期变化的特点，地球大数据的宏观、动态监测能力为可持续发展评价提供了重要手段。

为此，中国科学院院士、地球大数据支撑可持续发展目标团队负责人郭华东带领团队联合完成了《地球大数据支撑可持续发展目标报告》。该报告汇聚了围绕 5 个 SDGs 目标所开展的案例研究、指标建设和可持

---

① ［美］瑞达尔·卡伦、艾伦·米茨格：《踵事增华：可持续的理论解释与案例举要》，关成华译，222~223 页，248~253 页，北京，北京师范大学出版社，2021。

② 主要来源于中国科学院地球大数据科学工程《地球大数据支撑可持续发展目标报告》（2019 年 9 月）。

续发展状态评估，总结了 12 个典型研究案例。这些研究案例在数据、方法模型和决策支持方面对相关 SDGs 目标和指标进行了深入研究和评估，提供了较为系统的方案。在数据库建设、指标体系建设、指标进展评估等方面各有侧重。每一个典型案例首先清晰地列出对应目标和指标，然后依次从研究方法、所用数据、结果分析、展望四个方面展开。

《地球大数据支撑可持续发展目标报告》于 2019 年 9 月 26 日由出席第 74 届联合国大会的中国代表团正式发布。2022 年 9 月，由中国 7 家单位（可持续发展大数据国际研究中心、生态环境部卫星环境应用中心、中国资源卫星应用中心、国家卫星海洋应用中心、国家卫星气象中心、自然资源部国土卫星遥感应用中心和国家航天局对地观测与数据中心）联合发起的可持续发展卫星观测联盟正式成立，旨在充分发挥空间对地观测的优势和潜力，为《联合国 2030 年可持续发展议程》的实施提供数据服务和科技支撑。

无论是《地球大数据支撑可持续发展目标报告》的发布，还是可持续发展卫星观测联盟的成立，都体现了中国科学家积极参与和推动全球实现可持续发展目标的努力，以及合作共享精神。

将可持续发展完全纳入国家教育体系的主流，能够使民众能够采取适当的行动，为其社区的福祉作出积极的贡献。依据《2022 年可持续发展报告》，SDGs 成为面向 2030 及未来的全球发展路线图：约 90% 的国家报告称，可持续发展教育已成为部分国家的法律和政策、课程、教师教育或中小学学生测评的主流。然而，只有 15% 的国家报告称实现了以上四个领域的高度融合。可持续发展在技术和职业教育（57%）及成人教育（51%）中的主流化比例要低得多。最近一项针对中小学教师的全球调查发现，四分之一的教师认为自己没有准备好讲授与这些主题有关的内容。因此，仍需付出更多努力，确保这些议题成为国家教育体系的核心组成部分。

参考文献

1. 关成华，潘浩然，白英.绿色企业评价指南——方法与实践 [M]. 北京：经济日报出版社，2019.

2. 秦鹏.环境公民身份：形成逻辑、理论意蕴与法治价值 [J]. 法学评论，2012(3).

3. 徐梓淇.环境美德伦理研究综述 [J]. 道德与文明，2011(6).

4. 约翰·巴里，张淑兰.抗拒的效力：从环境公民权到可持续公民权 [J]. 文史哲，2007(1).

5. 郑富兴.国际环境政治与全球公民教育的批判路径 [J]. 比较教育研究，2017(8).

6. Heinrichs, H., Martens, P., Michelsen, G., et al. Sustainability Science: an introduction[M]. Berlin: Springer, 2016.

7. Hansen, Erik. Responsible leadership systems: an empirical analysis of integrating corporate responsibility into leadership systems[M]. Wiesbaden: Springer Gabler, 2010.

8. Schaltegger, S., Harms, D., Hörisch, J., et al. Corporate sustainability barometer 2012[R]. Lüneburg: Centre for Sustainability Management, 2013.

9. Schaltegger, S., Petersen, H., Burritt, R. An introduction to corporate environmental management: striving for sustainability[M]. Sheffield: Greenleaf, 2003.

10. UNESCO Education Sector. Education for sustainable development goals: a roadmap[R]. Paris: UNESCO, 2020.

第七章
目量意营：可持续发展绩效测度

种豆得豆，种瓜得瓜。你在意什么，你就会测度什么，进而可能得到什么。设计一套科学合理的指标体系以量化各类目标及其进展，是非常重要的，因为科学合理且可量化的指标有助于指导实践。如第一章所述，可持续发展关乎人类和非人类福祉长期依赖自然界的事实，关乎永远为子孙后代保留过幸福美好生活的机会。尽管联合国 193 个会员国为可持续发展设定了 2030 年前要实现的 17 大类、169 小类的可持续发展目标，但可持续发展的最终目标是要确保实现可持续，长期维护人类福祉。因此，是否有科学合理且可量化的指标能够测度可持续发展绩效呢？

国内生产总值（GDP）是 20 世纪人类社会最重要的核算指标之一，受到各界广泛关注并被视为衡量经济活动的晴雨表，但却被错误地用以衡量一切，包括人类福祉。GDP 因其存在固有的缺陷而无法有效衡量人类福祉，当然也就不能精准测度可持续发展的绩效。过去半个多世纪，学者们针对 GDP 存在的缺陷进行了大量探索，开发出一系列旨在补充或替代 GDP 的指标，如人类发展指数（Human Development Index, HDI）、经济福利测量（Measure of Economic Welfare, MEW）、中国绿色发展指数（China Green Development Index, CGDI）、社会进步指数（Social Progress Index, SPI）、真实进步指标（Genuine Progress Indicator, GPI）等。在这些指标当中，GPI 有其突出的特点和优点，涵盖经济、社会、环境三大维度，符合可持续发展理念和要求，能够更好地测度可持续发展绩效。

本章首先从 GDP 及其局限性开始说起，然后概述一系列旨在补充或替代 GDP 的指标，重点介绍 MEW、绿色 GDP、HDI、CGDI、SPI 这五个指标，最后详细分析 GPI。

一、GDP 及其局限性

GDP 是一种测度国民经济产出规模的指标，最早于 20 世纪 30 年代由俄裔美籍学者、1971 年诺贝尔经济学奖得主西蒙·库兹涅茨（Simon Kuznets）提出。第二次世界大战之后，随着一系列国际金融机构的建立（如世界银行和国际货币基金组织），在联合国的倡导下，GDP 被全球各国采纳，成为测度一国经济规模的标准工具。

GDP 是指在给定时期（通常指一年内）某特定经济体所生产的最终产品与服务的货币价值的总和。它提供了一种简易的计算方法，用以衡量一国产品与服务的总价值。GDP 总量有助于经济学家及相关研究人员评估各行业的生产水平，也有助于他们测度各类产品与服务的总消费量，从烤制食品到电视机，再到医院临床检查。GDP 使用市场价格作为测度单位，能够反映不同时期各类产品与服务消费的实际价格的相对变化。所以说，GDP 是一种易于使用的指标，用于评估某个社会在特定时期内的繁荣程度。作为一种非常清晰且是单一维度的经济指标，GDP 有助于经济学家和决策者制定经济规划和政策，促进经济增长。

长期以来，GDP 被各国政府用于评估货币与财政政策的效力，并制定国家财政预算。一些国际机构，如世界银行和国际货币基金组织，将国家 GDP 的变化情况视为其在全球范围内进行项目资助的重要依据。世界银行曾在其发布的报告中强调，GDP 的高速增长是解决世界贫困问题的有效途径。

GDP 主要有三种核算方法，即生产法（又称产出法）、收入法和支出法。

生产法将 GDP 视为经济中各生产部门"增加值"的总和：增加值等于核算期内的总产出价值减去产品和服务生产过程中所耗费的总成本。举个例子，如果某个经济体产品和服务的总产出价值为 100，而这些产品和服务在其生产过程中耗费的总成本为 70，那么增加值就是 30。同时，还需要加上对产品和进口征收的税，并扣减对产品的补贴。这种核算方法的计算公式如下：

以市场价格计算的 GDP 总值 = 以市场价格计算的各类活动总产出（产品和服务）- 用于生产产品和服务的中间消费 + 对产品和进口的税收 - 对产品的补贴

收入法需要收集核算期内产品和服务生产过程中直接用到的所有生产要素的信息。在这种核算方法下，GDP 就等于生产过程中产生的各类生产要素的收入（资源或生产要素的回报）总和，如支付给员工的工资、奖金及其他补偿形式，支付给政府的产品和生产税，以及生产者的经营盈余。这种核算方法的计算公式如下：

以市场价格计算的 GDP 总值 = 工资和社会收益（包括收入所得税）形式的就业收入 + 自我就业获得的混合收入 + 公司从事经济活动获得的利润总额 + 对国内生产与进口的税收 - 对国内生产和进口的补贴

支出法在核算 GDP 时，将其视为用于最终消费、总资本形成及净出口的总价值。这种核算方法的计算公式如下：

以市场价格计算的 GDP 总值 = 家庭消费支出 + 家庭服务类非营利

组织提供的服务 + 政府提供的集体或个人服务 + 总资本形成 + 存货变化量 + 产品和服务的出口 − 产品和服务的进口

需要强调指出的是，将 GDP 用于衡量经济产出规模本身是没有缺陷的。不过，它并不能测度福利，但却被经济学家、政治家和媒体错误地使用了，人们误以为 GDP 能测度一切。

如果使用 GDP 去测度社会福利，则有很大的局限性。GDP 核算可交易的、具有明确市场价格的产品与服务的市场价值。例如，GDP 在核算自然资源时只计算自然资源的开采成本，但并不计算这些自然资源的内在价值（或说存在价值）。此外，自然资源的非市场属性（或说功能，如城市树木的冷却降温功能）以及非市场类产品（如采集者所消费的野生植物）也都未被算入 GDP。就连 GDP 的创始人、被外界称为"GDP 之父"的西蒙·库兹涅茨也承认，GDP 存在一些严重的缺陷。1934 年，库兹涅茨向美国国会提交了 GDP 核算项目的清单，并指出："除了以上列举的东西（项目清单），很多其他服务也可能应被算作国民经济最终产品的合理组成部分。"库兹涅茨称这些服务包括"家庭主妇和其他家庭成员的服务""救济与慈善""拥有耐用消费品提供的服务""干杂工零活赚取的收入"，以及"从事非法活动赚取的收入"。库兹涅茨也介绍了他从 GDP 中排除这些服务的原因，其中最重要的是，他创造 GDP 的目的是测度社会在生产和消费产品方面的能力。库兹涅茨认为，由于 GDP 自身的局限性，对 GDP 数值进行过于简化的处理，容易导致难以甄别虚假信息，从而损及其权威性。这也反映在库兹涅茨提交给美国参议院的报告中，他说道：

定量测度，尤其是对确定结果的测度，在概括被测度事物时，往往会误导性地给出精确结论，并且过于简化。国民收入测度就属于这种假象和结果滥用的情形，尤其是因为国民收入测度会涉及不同社会群体之间的利益冲突焦点。此时，国民收入测度及表述的有效性，就要视其是否过度简化而定。

1968 年，美国参议员罗伯特·肯尼迪（Robert Kennedy）在一次演讲中谈到了他对国民生产总值（GNP）[①]的看法："国民生产总值——如果我们用它来衡量美国——包括了空气污染和香烟广告，以及为交通事故而奔忙的救护车。它包括了我们装在门上的特种锁和关撬锁的人的监狱，包括了我们对红木森林的破坏和因城市无序蔓延而消失的自然奇观。它包括了凝固汽油弹，包括了核弹头，包括了警察用来应付城市骚乱的装甲车，包括了惠特曼步枪和斯佩克刀，以及为了向孩子推销玩具而美化暴力的电视节目。然而，这个国民生产总值不包括我们孩子的健康，不包括他们教育的质量和游戏的快乐。它不包括我们诗歌的美丽，不包括我们婚姻的坚强，不包括我们公众辩论中的智慧，也不包括我们官员的正直。它不包括我们的机智和勇气，不包括我们的智慧和学问，不包括我们的同情心，也不包括我们对国家的热爱。总之，它衡量了一切，却把那些'令人生有价值的东西'排除在外。它告诉了我们美国的方方面面，却不能告诉我们为什么为她自豪。"

1999 年 12 月 7 日，美国总统比尔·克林顿（Bill Clinton）的经济学团队成员在华盛顿集中召开新闻发布会，公布了美国政府在 20 世纪取得的成就。参会成员包括美国联邦储备委员会主席艾伦·格林斯潘（Alan Greenspan）、总统首席经济顾问马丁·贝利（Martine Baily）、商务部部长威廉·戴利（William Daley）等。格林斯潘在庆祝仪式上向与会者发出了警告，指出不应将 GDP 与生活质量相提并论，一方的增长并不一定意味着另

---

① GNP 与 GDP 意义相近，略有区别，当时 GDP 概念还不太流行，统计"国家经济总量"主要使用 GNP。目前，各国一般都使用 GDP，不再使用 GNP 了。

一方也会增长。格林斯潘指出，在夏天，佛蒙特州的居民可以享受到惬意的海风，因此他们不需要开空调，但这一现象并没有在 GDP 数据中体现出来。

科斯塔兹（Costanza）等人通过开展综合性研究认为，GDP 忽略了社会资本中的自然、社会和人的部分，而这些是社会得以持续存在和福利提升的基础。结果，GDP 不仅没有测度影响生活质量的关键要素，反而通过很多方式鼓励那些损及长期社会福利的活动。斯托克汉默（Stockhammer）等人认为，自 20 世纪 70 年代以来，经济增长与生活质量之间的差距越来越大，进一步激发了人们对 GDP 的批判。安聂斯基（Anielski）和索斯科奈（Soskolne）认为，福利并非只包含经济产出，还包含 GDP 未予核算的很多因素，如无偿劳动、生态系统服务带来的收益，以及犯罪和环境退化造成的成本。此外，基础设施投资、各类保护行为与公平分配等也未被充分考虑。

GDP 用作社会福利指标时所存在的局限性可归纳为两大类问题：一是环境类问题；二是社会经济类问题。其中，环境类问题主要包括五类。

第一，GDP 只核算资源流量，而非资源存量。那些并没出现形式转换、也没有货币投资的自然资源，是不被 GDP 核算在内的。例如，森林中木材的价值，或者森林提供的服务（如吸收二氧化碳），都没有包括在 GDP 之中。然而，如果森林被砍伐，木材被卖出去，那么这些活动就会反映在 GDP 之中。在实际生活中，由于森林的价值要超过其木材的商业价值总和（例如，通过植被捕捉碳、为本地人提供的林产品、土壤稳定、气候调节等方面的价值），所以，尽管森林砍伐后一个国家的 GDP 会增长，但国民福利仍可能会恶化。

第二，GDP 鼓励自然资源损耗。从上一点可以看出，使用 GDP 衡量一国财富，实际上会鼓励自然资源损耗。如果政府旨在实现 GDP 最大化，最简单的方式就是增加自然资源的开采和使用。

第三，GDP 没有核算环境退化。GDP 忽略了自然资源存量，并不能清晰反映一国自然资源的存量状况。理论上，当自然资源越来越稀缺，其价格应该会上涨，进而开采成本也会上升。不过，随着技术进步，即使自然资源越来越稀缺，其开采成本也可能会下降。市场价格并不反映自然资源的相对稀缺性。因此，人们无法从 GDP 中判断环境是否恶化，以及恶化的程度和速度。

第四，环境恶化使 GDP 增加。经济活动会给环境带来压力，进而使得对人类社会而言非常宝贵的生态系统服务减少。生态系统服务具有非常宝贵的价值，例如，捕捉二氧化碳、减少污染、提供氧气、保护生物多样性。科斯塔兹等人曾于 1997 年估算了世界生态系统服务和自然资本的价值，每年约为 33 万亿美元，高于当时全球 GDP 总额。许多自然资源可以提供非常宝贵的非市场类服务，但是这些自然资源由于为市场类产品让路而严重衰退。湿地就是非常典型的例子。湿地是最适合居住的场所，因为它能提供广阔的清晰景观。湿地也非常适合种植红树林，特别是那些被许多国家用于建筑或燃烧的硬木。许多湿地因为建造房屋或者砍伐红树林而干涸了。天然红树林的许多功能（如净化废水）未被核算计入 GDP，但当湿地被转换用途（如用于建造房屋）时，这反而会增加 GDP。污染带来的损害（如空气和水污染），只有在对生产率造成负面影响时，才会对 GDP 造成负面影响。相反，更常见的情况是，污染的负面影响表现为相关防护与修复治理支出的增加，从而增加了 GDP。同样，当生态系统服务退化以后，它们需要被修复（例如，为降低山地滑坡风险，需要植树造林）或者被人造基础设施替代（例如，若在湿地上建造房屋，其保护海岸的功能就会丧失，此时可能需要建设一面缓冲墙代替湿地，或者建造一座污水处理厂代替湿地的水净化功能）。修复和替代都会促使 GDP 增加，但并不提高福利。由于 GDP 并未核算环境服务，我们并不知道 GDP 增长中有多少是伴随着环境服务退化而带来的。忽略良好环境对经济和福利的积极贡献，却把修复环境退化的成本视为经济改善（或说收入增加），这都违背了基本的会计原则。赫曼·戴利也明确指出这有违会计原则，戴利认为，当前国民核算体系把地球视为一个正处于清算中的企业。

第五，GDP 并不鼓励保护收入创造类的自然资本。依据约翰·希克斯（John Hicks）的观点，收入是指某个具体时期内可以消费的最大产品数量，同时又不会削弱未来生产和消费相同数量产品的能力。菲利普·劳恩（Philip Lawn）和马修·克拉克（Matthew Clarke）通过一个木材种植的例子阐述了这种观念。假定第一年可用木材量为 1000 立方米，每年再生速度为 5%，相当于这些木材每年可以再生 50 立方米。然而，如果第一年开采 100 立方米，超过木材当年的再生速度，那么第一年年底就只剩下 950 立方米的木材，第二年木材再生量将等于 47.5 立方米，如果开采速度相同，那么第二年年底剩下的木材量将是 897.5 立方米。依据希克斯收入的定义，只有第一年的 50 立方米木材和第二年的 47.5 立方米木材可以被算作收入，额外已采伐的 50 立方米木材和 52.5 立方米木材都应该被算作资本损耗。GDP 并不符合这种收入的定义，因为它没有减去伴随着人造资本（制成品）增加而出现的自然资本损耗的成本。若要维持人造资本消费的水平不变，就有必要保持低熵原材料（如木材）的开采水平低于或等于它们的再生速度。在 GDP 的核算中，这意味着必须留存一部分 GDP，用于替代已被折旧和损耗的资本，而不是用于当前消费。此外，还要留存一部分 GDP，用于补偿或替代经济发展对环境造成的负面影响（如空气污染和资源损耗），这些负面影响会造成福利下降或恶化。GDP 并未核算自然资本损耗，因为开采与生产技术的进步掩盖了这些资源损耗的影响。

社会经济类问题主要包括七类。

第一，GDP 并未核算收入差距。GDP 是一种总量、全域性的测度，并未考虑一国内部的收入差距。在 GDP 计算过程中不考虑收入差距，就会高估大部分居民的财富。当一小部分人口拥有大部分国民收入时，GDP 所描绘的关于一国居民生活水平的图画是扭曲的。如同约翰·塔尔布雷斯（John

Talberth）、克利福德·科布（Clifford Cobb）和诺亚·斯莱特瑞（Noah Slattery）所指出的，当增长主要惠及最富裕收入阶层时，它对于增进一国整体经济福利的意义不大，因为富人的消费支出增加所带来的社会收益小于相对贫困居民消费支出增加所带来的社会收益。增加等量的消费支出为富裕家庭带来的边际收益，要远小于相对贫困的家庭。基尼系数用于衡量一国收入分配差距，其值介于 0 ~ 1 之间，1（或者 100%）表示差距最大（一个人拥有全部收入），0 表示最为公平（所有居民的收入相同）。在很多国家，基尼系数随着人均 GDP 的增加而上升（表示收入差距扩大），也有一些国家的基尼系数随着人均 GDP 增加而下降（表示收入分配日益公平）。例如保加利亚属于前者，巴西属于后者。实际上，这表明 GDP 和基尼系数变化之间并没有什么清晰的关系。[①] 然而，有充分的证据表明，收入差距会导致工人生产率下降和社会动荡加剧，所以需要采取政策措施去缩减收入差距。

第二，GDP 忽略了非市场类产品。尽管非市场类产品有助于提升个人福利，但 GDP 忽略了这些产品在人们生活中所起的作用，而仅仅核算发生了市场交易的产品与服务。这既适用于发达国家，也适用于发展中国家。总体来看，一个国家越贫困，人们消费的非市场类产品（特别是自己生产的）就越多。例如，在森林中自给自足的农民很少使用现金，因为他们自己栽种水稻，也在森林中采集食物，从森林中砍伐木材用以建造住所。当人们从非正式经济过渡到正式经济时，这种过渡所带来的 GDP 增加，往往严重高估了消费水平的变化，实际上，在这个过渡过程中，只不过是一些市场类产品代替了非市场类产品，人们的生活水平可能根本就没有明显改善。因此，一个自给自足的农民，如果从种植庄稼获取食物转变为种植庄稼换取现金，然后再从市场上购买食物，这会使 GDP 骤增，但可能看不到生活水平有什么明显改善。

---

① 尽管从理论上而言，GDP 增加应该会有助于促进社会公平。

第三，GDP 忽略了非市场类劳动服务。GDP 忽略了无偿劳动，如志愿者劳动和家务劳动。这类非市场类的劳动通过把人们汇集起来从事社区和家庭服务，对经济做出了贡献，也有助于提升整体福利。这些服务可能产生额外的间接收益，比如有效使用和分配闲暇劳动，这些闲暇劳动本可以用于赚取工资。总的来说，这些未被核算的非市场类劳动服务很可能会对社会福利做出巨大贡献。在迅速扩张的经济中，由于物价上涨并且需要额外收入（特别是对于贫困家庭而言），以及家庭成员预期消费更多的市场类产品，家务劳动者通常会加入劳动力大军。当家务劳动者进入劳动力市场时，许多家务劳动可能外包给从事家务劳动的专业人员，这种情况在中国香港和新加坡已经非常普遍。这两类活动都能增加 GDP，但是它们对福利的影响并不清晰。

第四，GDP 忽略了社会弊病的成本。GDP 忽略了许多社会成本，包括失业、就业不足、超负荷工作、闲暇时间的丧失、犯罪、家庭破裂、离婚及其他社会弊病，而只考虑相应的经济成本（如警务成本或司法成本）。目前的福利概念主要以经济增长为基础，如提高 GDP，这反而把这些社会弊病成本对福利的负面影响掩盖住了。这些成本正在损及人类的生产力和福利，反映了社会不团结或功能失调的程度。例如，失业和就业不足反映了劳动力的无效或低效使用，而潜在收入的减少可能导致社会不和谐，进而导致犯罪率和离婚率上升。此外，社会动荡与退步的代价是巨大的，因为与各类差距"负面影响"做斗争的资源（如惩罚性、司法性和社会服务资源）都被用于处理那些本可预防的成本，而不是用于创造机会来提高人们的生活水平。从 GDP 的角度来看，这类社会成本被视为经济生产与服务的增项，从而被错误地理解为有助于增进福利。

第五，GDP 忽略了外部债务。外债没有被纳入 GDP 核算之中，但它却严重影响一国福利创造类资产的所有权。外债可能导致资源配置无效，即把资源用于偿还债务，而不是用于维护各类人造资本与自然资本，用于生产产品。依据劳恩和克拉克的观点，外债已经被认为是国家可持续发展的主要障碍，因为它为一国不可持续地开采利用自然资源提供了理由，甚至铺平了道路。一旦自然资源的开采速度超过了再生速度，就会使得可用于生产和消费的资源减少，进而造成人造资本和自然资本的数量下降。

第六，GDP 忽略了防御性或恢复性支出。GDP 中必须有相当一部分用于防御性（如预防洪涝灾害、犯罪）或恢复性的用途，以维持人们的生产能力，也包括一些预防性和敏感类的健康医疗服务和各类保险。即便这类"防御性"支出大部分对于福利而言毫无贡献，GDP 也把它们视为收益而非成本。

第七，GDP 忽略了服务和资本投资所产生收益的时间框架。在 GDP 核算过程中，所有产品和服务的消费支出总额都被立即纳入当前的核算时期。这实际上是假定消费支出（包括用于耐用消费品或公共基础设施）的所有收益都在购买当年享受，并且随后就消失了。耐用品和食物不同，食物一旦被吃完，就被完全消费了，只能产生"即时"服务。而耐用品，无论是公共投资（如道路）还是私人投资（如厂房或机械设备），都会在产品的整个使用周期内提供服务。福利测度应该反映这些产品所提供的持续补偿或收益。然而，GDP 只核算耐用品购买年份的收益，完全不考虑随后多年的收益。因而，GDP 在支出年份被高估了，而在随后的年份又被低估了。

既然 GDP 存在这些缺陷，人们为何仍然无视这些告诫，继续使用 GDP 测度福利呢？实际上，大部分专业的经济学家、决策者，以及媒体都关注 GDP 数据，并呼吁持续促进 GDP 增长，仿佛没有认识到以上对 GDP 的各种批评观点。经济学家提出了一个非常明显的悖论：一方面承认 GDP 的缺陷，但另一方面又认为这些缺陷并不意味着 GDP 就应该被抛弃。支持继续使用 GDP 的最普遍观点是，GDP 与其他可用于测度生活质量的指标（如婴儿死亡率、预期寿命、成人识字率、公民和政治自由）存在显著的正相关关系。例如，阿瑟·奥肯（Arthur Okun）认为，GDP 每上升 3 个百分点，失业率就会下降 1 个百分点（这一观点现在被称为"奥肯定律"）。

不过，这种最普遍的观点存在很多问题：（1）尽管 GDP 与诸如婴儿死亡率、预期寿命及成人识字率等指标在某个具体时期内存在正相关关系，但是也有明显的证据表明，当 GDP 达到一定水平之后，这些与 GDP 正相关的指标并不必然会进一步增长，或者说至少不会与 GDP 保持相同的增速。许多健康类指标与 GDP 增长呈负相关。塔皮亚·格拉纳多斯（Tapia Granados）研究了过去 160 多年英格兰和威尔士 GDP 与健康进步指标（如婴儿死亡率、预期寿命）之间的关系，发现 GDP 增长和健康进步之间呈负相关关系，即经济增长速度越低，人们的预期寿命增幅就越大，无论男性还是女性，均是如此。他还指出，这种负相关的效果在 1900—1950 年（发生过两次世界大战和大萧条）比 1950—2000 年（欧洲和美国福利状况改善最为明显的时期）更为强烈。他进一步说明，经济萧条期间死亡率的下降要快于经济繁荣时期。当收入到达一定水平后，GDP 增长与福利之间的关系就大大削弱了。（2）虽然像教育和预期寿命之类的指标可能会与 GDP 正相关，因为收入越多，教育领域的投资就越多，饮食也会更好，但同时也有许多指标可能会与 GDP 负相关，如空气质量、闲暇时间、工作压力、交通拥堵等。（3）不同收入阶层之间通常存在差距，对于中低收入阶层或贫困人口而言，个别福利指标与 GDP 总量增长之间是负相关的。社会中并不是所有群体都可以平等地受益于经济增长，例如，当经济增长造成物价上升时，只有某些处于特定收入阶层的人可以获得补偿性收入，此时 GDP 的主要缺陷在于其平均增长率具有误导意义。（4）某些替代性指标与 GDP 的正相关关系本身并不能证明它们之间就存在因果关系。尽管可以说，更好的教育带来更高的 GDP，进而又会带来更好的教育，形成一种正反馈循环，但也有很多国家并未出现这种正相关关系。比如，有些国家尽管预期寿命更长，教育水平更高，但并非由 GDP 增长带来的（古巴就是一个例子）。

　　尽管有些 GDP 指标的支持者声称，GDP 在政府政策中的实际影响有限，但事实上，GDP 数值在政治议题中扮演着非常关键的角色。如果 GDP 数值在政策制定过程中不是那么重要，那么上述 GDP 缺陷也就不会显得那么重要了。各个国家和国际经济组织常把 GDP 视为需要获取的关键信息，以便解释、理解或预测经济政策的影响。如果 GDP 数值很高或者超过预期，人们就会奔走相告、庆祝。如果 GDP 数值很低，人们则会感到非常担忧。当 GDP 下降时，它会成为媒体和金融市场关注的焦点，作为回应，政治家和央行会采取措施来提升 GDP。媒体经常播报国家 GDP 数值，并进行跨国比较，这进一步放大了 GDP 的重要性。当 GDP 被新闻网站引用，并且由央行、政府、国际机构及企业界定期报告时，人们常常会想当然地认为 GDP 提供了重要的信息，而不会去质疑它的有用性。GDP 信息对宏观经济政策影响如此之大，以至于我们有时忘了，它如何艰难地将一国所产生的产品与服务总和等同于总福利。

　　凡·登·伯格（Van den Bergh）认为，GDP 之所以被普遍接受，而没有受到太多来自经济学家和经济学专业师生的批评，可以归因于墨守成规、顺从、社会化与模仿。大卫·柯兰德（David Colander）与阿尔约·卡拉莫（Arjo Klamer）剖析了 6 个顶尖经济学研究生项目中的学生反应，发现学生们倾向于或受制于一个社会化过程的研究领域。约 20 年后，柯兰德再次研究完全相同的主题，得到了完全相同的结果。在解释这种社会化过程时，柯兰德指出，人们并非天生的经济学家，而是通过正式和非正式培训不断塑造而成。这种培训铸就了他们解决问题、处理信息和开展研究的方式，进而影响他们所支持的政策及他们在社会中所扮演的角色。学术机构中的复制或模仿动态（replicator dynamics）要比书面论文的影响更大。

　　GDP 应该被抛弃吗？支持使用 GDP 相关数值去评估一国发展和进步，

可能会有严重误导。许多政治家、经济学家和国际机构没有认识到这种与GDP相关的信息缺陷，对改变GDP也漠不关心。在这种情况下，了解一个没有GDP驱动的世界会是什么样子，将会很有帮助。这个世界会更好，还是更糟糕？忽略GDP信息（即以经济增长为重）对于经济政策而言意味着什么？经济学家主张，只要找不到良好可行的替代指标，我们就不应该抛弃GDP。然而，已经有许多指标可以补充或替代GDP。尽管这些指标也并不完美，但它们在指导经济政策方面比GDP有用得多。如果我们赋予社会和环境成本一个负的符号，而不是像GDP核算那样给予正的符号，可以推断，过去几十年来，许多富裕国家实际上已经是负增长了。

抛弃GDP，并不意味着要抛弃经济增长，而是说，我们应提高社会福利，并使用相关且可测度的指标来研判社会福利是否真正得到了改善，而不是单纯地把追求经济增长作为唯一（尽管也是间接的）改善福利的方式。不再专门强调GDP增长，摒弃我们对GDP增长率的痴迷，需要在学术圈内外获得认同和支持，并采用许多新的福利测度指标，这将会带来翻天覆地的变化。如果经济学家、政治家、政策制定者和消费者都能忽略GDP，那么大部分因误导性GDP信息而引致的经济行为可能会发生改变。这将自动减少人们对那些以牺牲GDP增长为代价来增进社会福利的政策的抵制，为那些旨在改善社会福利而不是单纯追求GDP的政策奠定基础。忽略GDP信息的另一个好处是，它将会使经济相对更为稳定，同时减少人们的恐惧和担忧。缺乏GDP信息，也会催生出更多新的范式，可供广大发展中国家在其经济转轨过程中参考借鉴。诸如世界银行和联合国人类发展署这样的国际机构已经朝着这个方向采取了很多措施，使用了像HDI一类的指标，但也没有完全抛弃GDP。

二、旨在补充或替代 GDP 的指标

正是由于 GDP 存在这些局限性，联合国等国际组织、部分国家的政府和非政府组织，以及学术界，特别是经济学界，一直在寻求建立更加理想的测度指标。接下来将介绍一些类似的指标，其中，有些指标是以经济数据为中心的，主要是对 GDP 进行调整和完善；而另一些指标则不包括经济数据，或者将经济数据视为次等重要，可以说这类指标的目的是取代 GDP。

第一类是旨在调整 GDP 的指标，如 MEW、绿色 GDP（也称绿色国民核算）等。

MEW 是一种以 GDP 为基础的测量方式。1972 年，威廉·诺德豪斯（William Nordhaus）和詹姆斯·托宾（James Tobin）在其文章《增长过时了吗？》中首次提出了这一概念。这是第一次对 GDP 进行调整的重要倡议，也被视为第一个用于评估经济可持续性的模型。尽管他们开发了 MEW 这一指标，但并不否认传统国民收入核算的重要性。不过，他们的确对 GDP 在评估经济福利过程中的有用性提出了质疑。他们认为，GDP 仅仅是一个关于生产而不是消费的指标，因而实际上违背了经济活动的目的。为了构建一套对福利的测量体系，诺德豪斯和托宾在国民总产出的基础上做了一些调整：（1）减去用于国家安全、声誉或外交方面的支出。（2）增加无偿家务劳动、非法生产和闲暇时间的价值。（3）减去因工业活动而造成的环境破坏或环境污染的成本，即所谓城镇化带来的不适性溢价。MEW 明确指出了 GDP 的局限性及它无法衡量经济福利的问题，并包含了国民收入账户中所没有的各类经济活动的价值。尽管他们把 MEW 视作对经济福利的一种尝试性测度，但这仍然具有重要的历史意义，尤其是对于那些试图建立和完善测度指标体系的人而言，这是一个巨大的鼓舞。例如，赫曼·戴利和小约翰·科布（John Cobb）在 20 世纪 80 年代提出的可持续经济福利指数（ISEW），克里福

德·科布等人在20世纪90年代提出的GPI，在概念上都是以MEW为基础的。

尽管MEW包含了许多关于可持续发展方面的内容（如城镇化带来的不适性溢价），但对影响经济福利的环境问题，如自然资源损耗，基本没有考虑，因此也饱受批评。诺德豪斯和托宾使用MEW估算了美国1929—1965年的经济增长绩效，并发现虽然GDP增速一直高于MEW的增速，但两者趋势基本相同，进而推论，经济增长（用GDP衡量）与经济福利密切相关，所以可作为一种福利指标。后来，诺德豪斯从环境角度重新研究了这个问题："增长过时了吗？"诺德豪斯认为，MEW与GDP之间的差异是由于生产能力增幅下降和储蓄下降，而不是自然资源的不可持续使用。然而，尽管他们从社会、经济与环境方面对MEW做了一些调整，但MEW仍不足以被视为能够精确测度经济福利、社会福利或生活质量的理想指标。

绿色GDP是以GDP为基础的，但增加了经济活动引致的环境恶化成本（如空气、水和土壤）以及不可再生资源损耗等项目。虽然关于绿色GDP的发明者仍未有定论，但这个概念在1992年里约热内卢举行的联合国环境与发展大会上引起了广泛关注。当时，会员国一致同意要高度重视并解决全球环境问题，进而需要一套能够更好地统筹考虑环境恶化程度与环境状况的国民核算体系。绿色GDP尝试从GDP总量中扣减相关环境成本，以核算生态系统服务的损失，自然资源的衰减，水、土壤和空气污染，以及一般性环境损害。绿色GDP在纠正GDP方面的贡献很大，因为它尝试测度经济增长，同时考虑生产对环境造成的损害，而这些损害并未包括在GDP中。绿色GDP成为统筹考虑经济与环境因素、引导政策关注经济增长质量与可持续发展等活动的核算指标。世界上许多国家都已经开展了绿色GDP核算的试点工作，这些试点大多都是从GDP中扣减自然资源损耗与污染的成本。然而，这些试点都没有产生定期、有规律的绿色GDP报告，也没有让绿色GDP成为经济健康的标志性指标。这是因为，自其创立伊始，绿色GDP的概念就招致大量批评，主要围绕究竟哪些成本项目应该从 GDP 中扣减，以及在对环境损害货币赋值时如何量化这些项目的成本等问题。环境经济综合核算体系（System of Environmental and Economic Accounting, SEEA）手册中详细描述了绿色 GDP 核算的演化历程。依据该手册，关于绿色 GDP 应该怎样计算尚未达成共识，并且实际上，关于究竟是否应该尝试核算绿色 GDP 的共识更少。目前，虽然绿色 GDP 仍是一种可唤醒政策制定者和普通大众可持续发展理念和意识的指标，但它并未被广泛使用。

第二类是旨在代替 GDP 的指标，例如，HDI、CGDI 和 SPI 等。

人口生活质量指数（Physical Quality Life Index, PQLI）是在 20 世纪 70 年代末由大卫·莫里斯（David Morris）和詹姆斯·格兰特（James Grant）开发的，它将三个指标（出生时的预期寿命、婴儿死亡率和识字率）平均值加总为一个合成指数。在这三个指标中，所有国家都有相应的得分和排名，"最好"的国家被赋予 100 分，"最差"的国家被赋予 0 分。20 世纪 90 年代，PQLI 被 HDI 取代。在《人类发展报告》中，HDI 被定义为对人类发展的三个维度的综合测度：（1）长久而健康的生活（用预期寿命衡量）；（2）接受教育（用成人识字率和小学、中学和大学的入学注册登记人数来衡量）；（3）体面的生活（以购买力评价折算后的收入来衡量）。HDI 在 1990 年首次提出。与人口生活质量指数相似，HDI 也使用三个指标合成一个指数，其中两个指称彼此相关（识字率和预期寿命）。HDI 也对国家进行排名，国家得分也是 0 ～ 100，取三种排名的平均值。联合国开发计划署在《人类发展报告》中发布所有被测度国家的得分及排名情况。[①]HDI 的最终值介于 0 ～ 1，其中指数值大于或等于 0.800 的国家属于高人类发展水平的国家，指数值介于 0.500 ～ 0.799 的国家被认为是中等人类发展水平的国家，指数值低于

---

① 依据联合国开发计划署，编写和发布《人类发展报告》的主要目的是促进全球、区域和国家层面开展对与人类发展相关议题的讨论。

0.500 的国家则被视为低人类发展水平的国家。然而，和 PQLI 不同，HDI 是以购买力平价折算后的人均 GDP 为基础，而不是以婴儿死亡率为基础，以此来平衡发展过程中的社会指标和经济指标之间的关系。HDI 成功唤醒了公众对"人类发展"这个概念的意识。不过，它也因为忽略了生态可持续，以及人类发展其他方面的内容（如性别差异或不平等）而遭受严重的批评，因而无法成为理想的可持续发展绩效测度指标。

北京师范大学经济与资源管理研究院联合国家统计局中国经济景气监测中心、西南财经大学发展研究院，编制了 CGDI，动态监测全国各省及重点城市的绿色发展水平，并逐年发布《中国绿色发展指数报告》，在国内外引起了一定社会反响。[①]CGDI 包括 3 个一级指标、9 个二级指标、62 个三级指标。其中，3 个一级指标分别为经济增长绿化度、资源环境承载潜力、政府政策支持度。经济增长绿化度反映的是生产对资源消耗及环境的影响程度，资源环境承载潜力体现的是自然资源与环境所能承载的潜力，政府政策支持度反映的是社会组织者处理生态、资源、环境与经济增长矛盾的水平与力度。

美国哈佛大学商学院教授迈克尔·波特（Michael Porter）和麻省理工学院斯隆管理学院教授斯科特·斯特恩（Scott Stern）认为，社会进步是指社会满足公民的基本需求，确保公民、社区能够改善并保持生活质量，创造条件使所有人均能全面发展的能力。他们于 2013 年联合创建了第一套旨在测度社会进步的综合指数——SPI。[②]SPI 是由 3 个一级指标、12 个二级指标构成（见表 7-1）。其中 12 个二级指标权重相等，最后折算成一个 0～100 分的综合指数，分数越高表示社会进步水平越高。SPI 所倡导的经济与社会共

---

① 笔者有幸作为《2015 中国绿色发展指数报告——区域比较》的三位协调人之一，参与相关协调组织工作，带队赴重庆、河北等地开展绿色企业调研，并撰写相关章节。

② 2017 年 4 月 24—26 日，首届社会进步指数国际学术研讨会在冰岛首都雷克雅未克召开。作为中国唯一的参会者，笔者有幸前往学习了解 SPI 的具体构成和技术方法。

同进步的理念不仅与联合国可持续发展目标相契合，也与中国的发展理念相契合。

表 7-1　SPI 的指标体系构成

人类基本需求	福祉基础	机遇
营养和基本医疗保健	获取基本知识	个人权利
水与环境卫生	获取基本信息和通信手段	个人自由与选择
基本住所	健康与福利	包容性
个人安全	环境质量	接受高等教育

国家层面的《社会进步指数报告》于 2014 年首次发布，此后逐年延伸至地区、城市和单个社区的层面。总体来看，SPI 稳中有升，SPI 的全球平均值从 2014 年的 61.80 分增加到 2018 年的 63.46 分，SPI 的 12 个二级指标中有 9 个都有所上升。然而，个人权利和包容性指标有所下降，个人安全指标也未发生变化（见图 7-1）。

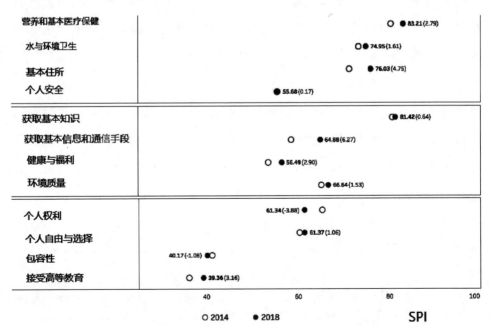

图 7-1　人口加权后的全球 SPI 及其变动趋势（2014 年和 2018 年）

在 2018 年《社会进步指数报告》测度的 146 个国家中，有 133 个国家的 SPI 显著提高，特别是赞比亚、尼泊尔和埃塞俄比亚。当然，也有退步的，比如美国的 SPI 从 2014 年的 85.70 分降至 2018 年的 84.78 分，无论是绝对分值还是相对排名都有所下降。2018 年，中国社会进步指数得分为 64.57 分（第 87 位），较 2014 年的 61.64 分提高了 2.93 分，说明中国的社会进步水平逐步提高。2018 年 SPI 排名最高的 10 个国家依次是挪威（90.26 分）、冰岛（90.24 分）、瑞士（89.97 分）、丹麦（89.96 分）、芬兰（89.77 分）、日本（89.74 分）、荷兰（89.34 分）、卢森堡（89.27 分）、德国（89.21 分）、新西兰（89.12 分）。

三、真实进步指标（GPI）

20 世纪 70 年代早期，经济学家普遍开始质疑经济增长是否一定能够改善人类福利。有些人建议，经济增长的重点应该放到最优规模规制、公平分配、制度安排优化、资源有效配置及质量而非数量增长等方面，以期实现可持续发展。GPI 就是旨在评估这些目标实现程度的一种综合指标。真实进步指标最早是由一家名为"重新定义进步"的智库的学者们于 1995 年提出，即克里福德·科布、泰德·哈尔斯戴德（Ted Halstead）和乔纳森·罗威（Jonathan Rowe）。GPI 主要核算影响人类可持续经济福利或生活质量的各种要素。大部分研究将这些要素分为经济、社会和环境三个不同类别（见图 7-2），这与可持续发展的三个维度相一致。GPI 的核算是通过加总那些有助于改善生活质量的各类产品、资源或服务的货币价值，并减去那些会使生活质量恶化的产品、资源或服务的货币价值。有的研究也纳入了一些附加类的项目。

经济（7个）	社会（10个）	环境（9个）
个人消费支出（+）	交通事故（-）	水污染（-）
收入差距（-）	通勤（-）	空气污染（-）
调整后的个人消费支出（+）	道路服务（+）	噪声污染（-）
耐用消费品提供的服务（+）	教育改善（+）	湿地流失（-）
耐用消费品成本（-）	丧失闲暇（-）	耕地流失（-）
就业不足（-）	志愿服务（+）	森林覆盖率下降（-）
净投资（+）	家庭污染治理（-）	气候变化（-）
	犯罪（-）	臭氧层破坏（-）
	家庭破裂（-）	不可再生资源消耗（-）
	家务劳动（+）	

注：括号中的"+"或"-"，表示该项目对可持续经济社会福利的贡献为正或为负。

图 7-2 美国佛蒙特州采用的 GPI

从图 7-2 可以看出，GPI 纠正了 GDP 存在的单一重视经济增长而忽略资源环境保护和社会方面的问题，在思想上有新的尝试与突破，将经济、社会、环境都纳入指标体系进行评估。从图中的 3 大一级指标、26 个二级指标来看，既有各类经济指标的统计，又有不同类型环境污染的影响评价；既有资源消耗的损失计算，又涉及了教育、劳动、服务、犯罪、离婚、交通拥堵等社会问题的定量评估。

与 GDP 一样，GPI 衡量的是某个特定时期、特定区域的福利状况，有助于人们了解趋势，识别正向或负向变化的根源。然而，不同于 GDP 的是，GPI 还核算了伴随着经济增长而产生的社会类、环境类项目的成本和收益。GPI 克服了 GDP 核算过程中存在的一些局限性，能够更好地估计居民福利水平。此外，GPI 还有助于政策制定者发现问题并提高公众可持续发展的意识。

GPI 有许多突出的特点和优点。

第一，它是一个综合性的指数，强调不同复杂变量之间的相互关系。真实进步指标使用了一系列不同的经济、社会与环境类项目，以估算人们的福利。这些项目不仅反映经济产出规模（这是 GDP 的目的），还反映经济产出的成本，如环境恶化与社会弊病的成本。虽然理论上，测度人们福利或生活质量的指数应该包括多样化的心理和情感状况，如幸福、希望、恐惧等，但不幸的是，这些因素很难被量化，故未被纳入 GPI。然而，GPI 提供了一幅相对更完整的关于人们福利的画面，有助于找出缺点，强化一些有助于增进可持续经济福利的政策措施。换句话说，GPI 有助于洞察当前经济增长路径是否是可持续的，如何才能实现经济可持续发展。

第二，它是一个易于理解的指数。GPI 仍然关注经济方面。同样，由于非市场类项目的成本和收益被赋予货币价值，GPI 也是以货币价值的形式呈现，这与 GDP 一样。GPI 也更容易被政策制定者和一般公众理解，并能与 GDP 进行比较，也更容易在官方话语中取代 GDP。

第三，它提供了国家之间的历史分析与横向比较。尽管 GPI 的编制需要很多数据，但幸运的是，许多国家已经连续收集了很多年的相关数据。这可以进一步扩大 GPI 的应用范围，便于进行国家之间的横向和纵向比较分析。GPI 的研究通常跨越较长的历史时期（一般是几十年），揭示出一些趋势性的变化，以帮助理解特定政策的长期影响或福利方面的长期变化。

第四，它的方法优势明显。GPI 中所有的经济、社会与环境类项目都会被赋予经济价值，这就使得各构成项目之间可以相互比较和加减，从而合成为一个数字，表示某个特定年份 GPI 的整体数值。赋予经济价值，并不意味着任何事物都被商品化。使用经济价值的主要原因是将其作为一种共同的计量单位，从而可以把互不相关的变量（如空气污染和家庭破裂）进行加总。与此同时，通过对项目进行货币赋值，这些项目会依据它们对人的价值被赋予一个权重。这既包括那些基于居民消费或投资的项目（如防御性和恢复性支出），又包括那些使用政府支出以解决环境问题的估算项目（如废水污染的成本）。只要政治程序有效运转（公共投资符合人们的期望），那么政府支出就应该接近社会对环境恶化的估值。同样，GPI 解决了其他指数存在的一些缺陷，可以被视为一种在概念上大致正确的方法。不过，这种方法的缺点之一就是只计算对人类福利的影响或贡献。例如，它只计算气候变化给社会带来的成本，而不计算那些可能因气候变化而灭绝的物种的内在价值。

第五，它有助于确定门槛值并倡导稳态经济。GPI 提醒决策者追求可持续的经济增长。将 GDP 视作一国发展的指标，会鼓励追求无限的经济增长，因为 GDP 并不考虑经济增长对环境与社会系统的负面影响。然而，GPI 考虑了环境与社会成本，并且会在这些成本超过经济增长带来的收益时及时警醒我们。实际上，在用 GPI 评估一国发展时，我们发现当许多国家达到一定经济发展水平时，存在一个"门槛值"，超过这个门槛值后，经济进一步发展不再增加社会福利。到了那个时候，经济进一步增长会减少福利，加剧环境退化，此时实现"稳态经济"要比"增长型经济"更加理想。在稳态经济下，经济缓慢调整，并与其赖以支撑的生态系统之间保持动态均衡，它主要是通过对目前产品与资本的质量改善，而非产品和消费的数量增加来实现的。稳态经济强调产品和服务的质量而非数量，这个概念体现了自然资源的可持续利用及国民收入在公民之间更平等的分配。

不过，GPI 也存在缺陷，并因此遭受了许多批评。

第一，在项目选择上缺乏统一标准。GPI 关于其使用的项目在不同国家之间缺乏一致性而遭受到批评。也就是说，GPI 目前还不是一种标准化的测度方法。研究者在估算不同国家的 GPI 时，可以使用不同的项目。当然，这未必是个问题。增加某些特别的项目可能有积极意义，也有助于更好地反映每个被考察国家的实际状况。事实上，人们可能会认为，使用不同的指标集来精确反映不同国家的福利是合乎逻辑的，因为不存在两个完全相同的国家。例如，新西兰的 GPI 中包括了陆地生态系统的损失与破坏这一项，因为害虫入侵已经造成了严重的伤害，并被认为是对当地生物多样性的最大威胁。类似地，泰国的 GPI 研究中包括了腐败的成本，因为该国腐败一直很严重，并影响经济发展。变量的选择及其被赋予的权重，实际上取决于如何定义每个变量及其在各国具体情境中的合理性。关于如何处理社会规范的持续变化方面，GPI 也存在问题。例如，家庭破裂数量的增加可能表示整个社会对离婚的接受度更高了，而不是社会动乱的象征。同样，持续变化的价值观念可能会逐渐削弱无偿家务劳动（主要是女性）的社会重要性。对个别国家而言，特定项目可能会由于数据缺失而遭弃用。例如，有学者就因为数据限制而没有使用就业不足的成本（如印度的 GPI 研究项目），此外，贡瑟利·贝里克（Günseli Berik）和埃丽卡·贾迪思（Erica Gaddis）只能间接推断净资本投资和志愿者劳动的价值（美国犹他州 GPI 研究项目）。如果期望所有研究都使用完全相同的指标，那么就应该剔除那些在任何国家都无法获得的指标，取最小的交集。不一致性的问题，以及不同国家 GPI 结果横向比较面临的潜在困难，都值得关注，因为横向比较有助于推断相关结果。

第二，为非市场类产品和服务赋予经济价值非常困难。对非市场类产品进行货币赋值不仅困难，而且争议很大，因为它们没有明确的市场价格，这在处理外部性问题的时候尤其重要。外部性是指经济活动（通常源自产品的生产和消费过程）对第三方产生的影响，但相应成本（或收益）并没有包括在产品市场价格之中。例如，空气污染作为电力生产的副产品，其成本（如看医生、能见度降低等）就没有包含在电价中，但却由全社会承担。这些成本很难估算，而且通常很难查明外部性的准确来源。生态经济学家已经提出了许多方法来估算外部性的价值，不过，这些方法并非百分之百正确，容易受到批评。估算其他环境成本也问题重重，面临诸多挑战。例如，一些环境退化的估值是基于政府治理环境退化的支出。然而，如果政府不太关注环境退化问题，那么可能会在这个领域投入很少，如此一来，GPI 中对环境退化的记录就少之又少了。同样，在 GPI 中，渔业资源损耗的成本是基于捕获量计算的。这意味着，如果所有鱼被捕获，捕获量降至零，那么 GPI 体现出来的渔业资源损耗成本就会等于零。此外，很多社会经济变量的货币价值也难以估算，如离婚成本、志愿者劳动和家务劳动等。

第三，它是一种体现弱可持续原则的指标。本书第二章详细介绍了可持续的属性划分，重点剖析了弱可持续和强可持续两种原则。弱可持续原则主张人造资本可以代替自然资本，而强可持续则认为自然资本是不能被代替的。GPI 的构成项目既包括人造资本（经济变量与社会变量），也包括自然资本（环境变量）。GPI 核算的最终结果就是将这三类变量（经济、社会与环境）的正值和负值进行加总，所以说它隐含了自然资本的可替代性。因此，GPI 受到批评，被认为是一种体现弱可持续原则的指标，无法准确反映一国可持续状况。然而，如果寻找一个指标，既可以囊括可持续的三大领域，又可以用简单易懂的方式（如使用货币价值）呈现出来，那么它必然是一种体现弱可持续原则的指标。在测度和呈现一国真实进步方面，毫无疑问，GPI 远远优于 GDP。

第四，它并不符合不同群体的期望。福利的含义因人而异，受文化、年龄、习俗、经济背景等诸多因素的影响，不同的人有不同的需求和期望。因此，GPI 在多大程度上能够成为一种普遍接受的福利指标仍存争议。福利的测度有助于我们理解随着时间推移不同群体（如穷人、单亲家庭、老人、移民、少数民族）的表现如何，以及他们的境况发生了怎样的改变。不幸的是，GPI 几乎不可能回答这些问题，因为可用的数据主要都是国家层面的。然而，GPI 的确包括了一个收入分配指数（主要使用基尼系数估算），从而赋予收入差距一定的权重，这当然也是一个缺点。既然许多政府政策瞄准特定群体，那么除了总人口，若有指数能够识别特定群体的福利状况，将会非常有用。混合使用不同指数，或许是一种更好的社会福利测度方法。

第五，范围。有学者认为，因生产出口产品而被污染及消费的自然资源应该被计入进口国家的数据当中，而不是出口国家。对于城市型国家而言更是如此，因为其绝大部分工业品和食品是从国外进口而来的。不幸的是，目前仍然缺乏大量可用于解决这类问题的数据。

参考文献

1. Anielski, Mark and Soskolne, Colin. Genuine progress indicator accounting: relating ecological integrity to human health and well-being//Miller, P. and Westra, L. Just ecological integrity: the ethics of maintaining planetary life[M]. Lanham, MD: Rowman & Littlefield, 2002.

2. Bureau of Economic Analysis. Measuring the economy: A primer on GDP and the national income and product accounts[R]. Washington DC: US Department of Commerce, 2007.

3. Codrington, Stephen. Planet geography[M]. Sydney: Solid Star Press, 2009.

4. Goossens, Yanne. Alternative progress indicators to gross domestic product (GDP) as a means towards sustainable development[R]. Brussels: European Parliament, 2007.

5. Hamilton, Clive. The genuine progress indicator: a new index of changes in well-being in Australia[R]. Australia: The Australian Institute, 1997.

6. Hicks, John. Value and capital[M]. Oxford: Oxford University Press, 1975.

7. Mankiw, Gregory. Principles of macroeconomics[M]. Ohio: South-Western Cengage Learning, 2009.

8. Morris, Morris David. Measuring the condition of the world's poor[M]. New York: Pergamons Press, 1979.

9. Nordhaus, William D. and Tobin, James. Is growth obsolete?[C/OL]. National

Bureau of Economic Research, 1972[2024-05-10]. http://www.nber.org/chapters/c7620.pdf.

10. Vu Quang-Viet. GDP by production approach: a general introduction with emphasis on an integrated economic data collection framework[R]. Geneva: UNSD, 2009.

11. Weil, David N. Economic growth[M]. Saddle River, NJ: Prentice Hall, 2012.

第八章
日新月异：可持续发展在中国

中国古代就有朴素的生态环保思想，"人法地、地法天、天法道、道法自然"，倡导天人合一。人与自然和谐的理念是中华文明传统价值观的重要组成部分。中国人口众多，人均资源相对不足，就业压力大，生态环境问题突出，因此非常重视可持续发展。中国参加了在可持续发展理念形成和发展过程中具有里程碑意义的三次大会：瑞典斯德哥尔摩联合国人类环境会议（1972年）、巴西里约热内卢联合国环境与发展大会（1992年）、南非约翰内斯堡可持续发展世界首脑会议（2002年），并且是最早提出并实施可持续发展战略的国家之一。党的二十大报告明确提出，中国式现代化是人与自然和谐共生的现代化。

本章首先梳理中国积极参加可持续发展相关国际会议并将其上升为国家战略的历史过程，然后详细介绍中国在国家层面为推动落实《2030年可持续发展议程》所采取的行动及可持续发展目标的进展情况，最后基于真实进步指标剖析中国地区可持续发展绩效。

一、可持续发展逐渐成为中国的国家战略

20世纪80年代以后，全球资源、能源消耗和环境破坏的形势日益严峻，如何实现人类经济社会的可持续发展，引起了全世界的共同关注。1991年，

中国发起和召开了"发展中国家环境与发展部长级会议",并发表了《北京宣言》。1992 年 6 月,联合国世界环境与发展大会以"可持续发展"为指导方针,制定并通过了《21 世纪行动议程》和《里约环境与发展宣言》(以下简称《里约宣言》)等重要文件,正式提出了可持续发展战略,中国政府庄严签署了《里约宣言》。会后不久,中国于 1994 年 3 月发布了《中国 21 世纪议程:中国 21 世纪人口、环境与发展白皮书》(以下简称《议程》),指出走可持续发展之路,是中国在未来和下世纪发展的自身需要和必然选择。《议程》共 20 章,可归纳为总体可持续发展、人口和社会可持续发展、经济可持续发展、资源合理利用、环境保护 5 个组成部分,涵盖 70 多个行动方案领域。《议程》的成功编制,不仅反映了中国自身发展的内在需求,也表明了中国政府积极履行国际承诺、率先为全人类共同事业做贡献的姿态与决心。为了支持《议程》的实施,1994 年 7 月,来自 20 多个国家、13 个联合国机构、20 多个外国大型企业的 170 多位代表齐聚北京,共同制定了《中国 21 世纪议程优先项目计划》,用实际行动推进可持续发展战略的实施。

1995 年,中共中央正式将"可持续发展"作为国家发展的重大战略提出并付诸实施。1995 年 9 月,党的十四届五中全会正式将可持续发展战略写入《中共中央关于制定国民经济和社会发展"九五"计划和 2010 年远景目标的建议》,提出必须把社会全面发展放在重要战略地位,实现经济与社会相互协调和可持续发展。这是在党的文件中第一次使用"可持续发展"的概念。根据党的十四届五中全会精神,1996 年 3 月,第八届全国人民代表大会第四次会议批准了《国民经济和社会发展"九五"计划和 2010 年远景目标纲要》,将可持续发展作为一条重要的指导方针上升为国家战略并全面推进实施。1997 年,党的十五大进一步明确将可持续发展战略作为我国经济发展的战略之一。报告指出,我国是人口众多、资源相对不足的国家,在现代化建设中必须实施可持续发展战略。坚持计划生育和保护环境的基本国策，正确处理经济发展同人口、资源、环境的关系。资源开发和节约并举，把节约放在首位，提高资源利用效率。统筹规划国土资源开发和整治，严格执行土地、水、森林、矿产、海洋等资源管理和保护的法律。实施资源有偿使用制度。加强对环境污染的治理，植树种草，搞好水土保持，防治荒漠化，改善生态环境。控制人口增长，提高人口素质，重视人口老龄化问题。

进入新世纪，中国进一步深化对可持续发展内涵的认识。2000 年，党的十五届五中全会通过的《中共中央关于制定国民经济和社会发展第十个五年计划的建议》指出，实施可持续发展战略，是关系中华民族生存和发展的长远大计。2002 年，党的十六大把"可持续发展能力不断增强"作为全面建设小康社会的目标之一，并对如何实施这一战略进行了论述，认为可持续发展是以保护自然资源环境为基础，以激励经济发展为条件，以改善和提高人类生活质量为目标的发展理论和战略。它是一种新的发展观、道德观和文明观。2003 年 7 月，胡锦涛在讲话中提出了以人为本、全面协调可持续的科学发展观，强调坚持以人为本，树立全面、协调、可持续的发展观，促进经济社会和人的全面发展，并按照"统筹城乡发展、统筹区域发展、统筹经济社会发展、统筹人与自然和谐发展、统筹国内发展和对外开放"的要求推进各项事业的改革和发展。党的十七大审议并一致通过《中国共产党章程（修正案）》，正式将"以人为本、全面协调可持续发展的科学发展观"写入党章。

2011 年 4 月，中国政府成立了以国家发展和改革委员会、外交部、科学技术部、财政部和环境保护部为核心单位，共 29 个部门组成的联合国可持续发展大会中国筹委会。2011 年 7 月，中国筹委会组织成立了《中华人民共和国可持续发展国家报告》（以下简称《国家报告》）编写组，全面启动了《国家报告》的编写工作。《国家报告》于 2012 年 6 月 1 日正式对外发布。

《国家报告》编写领导小组的副组长杜鹰用五句话概括了中国深入推进可持续发展战略的总体思路:(1)把转变经济发展方式和对经济结构进行战略性调整作为推进经济可持续发展的重大决策。要调整需求结构,把国民经济增长更多地建立在扩大内需的基础上;要调整产业结构,更好、更快地发展现代制造业及第三产业,更重要的是要调整要素投入结构,使国民经济增长不再过度依赖物质要素的投入,而是转向依靠科技进步、劳动者的素质提高和管理创新。(2)把建立资源节约型和环境友好型社会作为推进可持续发展的重要着力点。深入贯彻节约资源和环境保护这一基本国策,在全社会的各个系统都要推进有利于资源节约和环境保护的生产方式、生活方式和消费模式,促进经济社会发展与人口、资源和环境相协调。(3)把保障和改善民生作为可持续发展的核心要求,可持续发展这一概念有一个非常重要的内涵,即代内平等,它实际上强调的是人的平等、人的基本权利,可持续发展的所有问题,核心是人的全面发展,所以我们要围绕涉民生重点领域,加强社会建设,推进公平、正义和平等。(4)把科技创新作为推进可持续发展的不竭动力,实际上,很多不可持续问题的根本解决要靠科技突破和创新。(5)把深化体制改革和扩大对外开放和合作作为推进可持续发展的基本保障。建立有利于资源节约和环境保护的体制和机制,特别是要深化资源要素价格改革,建立生态补偿机制,强化节能减排的责任制,保障人人享有良好环境的权利。

二、中国持续推动落实《2030年可持续发展议程》

作为世界上最大的发展中国家,中国始终坚持将发展作为第一要务。自联合国大会2015年通过《2030年可持续发展议程》并制定可持续发展目标以来,中国已经全面启动了相关落实工作。2016年4月,中国发布了《落实2030年可持续发展议程中方立场文件》，并于7月参加了联合国首轮国别自愿陈述。作为2016年二十国集团主席国，中方推动二十国集团制定了《二十国集团落实2030年可持续发展议程行动计划》，这一行动得到了国际社会的高度评价。2016年9月，李克强在纽约联合国总部主持召开"可持续发展目标：共同努力改造我们的世界：中国主张"座谈会，并发布《中国落实2030年可持续发展议程国别方案》（以下简称《国别方案》）。《国别方案》共包括五个部分：（1）中国的发展成就和经验；（2）中国落实《2030年可持续发展议程》的机遇和挑战；（3）指导思想及总体原则；（4）落实工作的总体路径；（5）17项可持续发展目标的落实方案。《国别方案》是指导中国开展落实工作的行动指南，并为其他国家，尤其是发展中国家推进落实工作提供了借鉴和参考。

《中华人民共和国国民经济和社会发展第十三个五年规划纲要》（2016－2020年）强调，要加大结构性改革力度，加快转变经济发展方式，实现更高质量、更有效率、更加公平、更可持续的发展。2017年10月，党的十九大报告明确要求，必须坚定不移贯彻创新、协调、绿色、开放、共享的发展理念，必须坚持人与自然和谐共生，必须树立和践行绿水青山就是金山银山的理念，实行最严格的生态环境保护制度。

2019年4月，习近平总书记出席第二届"一带一路"国际合作高峰论坛开幕式并发表名为"齐心开创共建'一带一路'美好未来"的主旨演讲，他强调在共建"一带一路"过程中，要坚持开放、绿色、廉洁理念，努力实现高标准、惠民生、可持续目标。

2019年10月24日，首届可持续发展论坛在北京召开。当天，《中国落实2030年可持续发展议程进展报告（2019）》正式发布，全面展现中国为推进可持续发展做出的努力。中国将可持续发展议程与国家中长期发展战略有机结合，已在脱贫攻坚、宏观经济、社会事业、生态环境、国际合作等多个可持续发展目标上取得了重要的进展。

2021 年 9 月，由中国国际发展知识中心编写的《中国落实 2030 年可持续发展议程进展报告（2021）》（以下简称《报告》）在第二届可持续发展论坛上正式发布，这是中国政府发布的第三份进展报告。《报告》全面回顾了 2016—2020 年中国落实 2030 年议程 17 个可持续发展目标的主要进展，总结了中国经验，并就下一步工作做出规划。《报告》提出，中国高度重视加强可持续发展国际合作，把支持落实 2030 年议程融入高质量共建"一带一路"。中国在南南合作框架下积极开展务实合作，力所能及帮助其他发展中国家实现可持续发展。面对新冠疫情冲击，中国对外提供大量防疫物资，将疫苗作为全球公共产品，陆续向 100 多个国家和国际组织提供疫苗，为全球抗疫做出贡献。

2022 年 7 月 13 日，中国生态环境部部长黄润秋在联合国可持续发展高级别政治论坛部长级会议上致辞，强调指出中国在多个可持续发展目标上取得了显著进展：中国是世界上最大的发展中国家，也是落实《2030 年可持续发展议程》的积极践行者，在消除贫困、保护海洋、能源利用、应对气候变化、保护陆地生态系统等多个可持续发展目标上取得显著进展。中国坚持以人为本，坚定推进消除贫困，历史性解决了绝对贫困问题，提前 10 年实现《2030 年可持续发展议程》减贫目标。中国坚持人与自然和谐共生，坚定推进绿色低碳发展，将碳达峰碳中和纳入经济社会发展和生态文明建设整体布局。中国坚持多边主义，坚定推进全球可持续发展，秉持人类命运共同体理念，切实履行国际公约，加强应对气候变化、生物多样性保护、海洋污染治理等领域国际合作，主动承担与发展水平相称的国际责任。

专栏 8.1　中国"双碳"目标约束下的可持续发展之路 [①]

2020 年 9 月，国家主席习近平在第七十五届联合国大会上宣布，中国力争在 2030 年前二氧化碳排放达到峰值，努力争取在 2060 年前实现碳中和目标（以下简称"双碳"目标）。因此，在未来 40 年，中国必将在双碳目标约束下践行可持续发展，追求经济增长、社会包容与环境可持续的协调发展。党的十九届五中全会勾画了一幅经济、社会、环境协调发展的蓝图。中国"十四五"时期经济社会发展主要目标包括"经济发展取得新成效""社会文明程度得到新提高""生态文明建设实现新进步"等。2035 年的社会主义现代化远景目标则包括"经济总量和城乡居民人均收入将再迈上新的大台阶""人民生活更加美好""生态环境根本好转"等。

双碳目标约束下的可持续发展，从根本上讲，需要依靠技术创新和制度创新。所谓技术创新，就是要通过增加研发投入，推动产品生产材料、装备、工艺等领域的创新，大力发展绿色技术，提高绿色全要素生产率，从而实现经济增长与资源消耗、环境污染及碳排放之间的脱钩。

旨在实现可持续发展的制度内涵相对宽泛，它是指有助于促进全社会绿色转型，广泛形成绿色生产方式和绿色生活方式的所有正式与非正式制度的总和。在未来很长一段时间，重要的制度创新就是要探索建立一套 GDP 之外的新的政绩考核指标体系，如 GPI。此外，还应包括一些与"双碳"目标密切相关的政策措施，如碳交易、碳公平和碳补偿。2021 年 7 月，中国已正式开启全国范围内的碳交易市场，但在建设和完善碳交易市场过程中，需要警惕各类碳排放主体淡化或逃避减排责任的问题，也要防范排放指标向落后地区集聚进而造成污染"热点"

---

① 参见林永生、杨惠童、孟辰雨：《双碳目标约束下的改革发展之路》，载《中国经济报告》，2021（5），有改动。

的问题。

还需要特别关注碳公平和碳补偿问题。在特定时期内，如一年内，任何国家或地区都会生产和消费一定数量的产品，且由于存在对内和对外贸易，某地生产的产品数量和消费的产品数量并不相等。与此同时，产品生产过程会消耗资源能源并排放各类污染物，而产品市场价格中往往只包括劳动力、原材料和资金等成本要素，并不能完全体现资源与环境成本。所以，对于那些生产端资源能源消耗和污染物排放量远大于消费端的国家或地区而言，贸易制造了污染物排放的空间分配问题，其中就包括碳公平问题。无论是全球尺度上的国际贸易，还是全国尺度上的国内贸易，都隐含着碳排放的跨境和跨地区转移，从而引致碳公平问题。若要解决这个问题，碳净移出国家和地区应该对碳净移入的国家和地区支付一定额度的货币补偿——"碳补偿"，这相当于是从隐性的碳交易市场购买碳指标。值得警惕的是，欧盟正在酝酿实施的碳边境调节机制（又称碳关税）显然有违这里提及的碳补偿原则。借助国际贸易，欧盟将包括碳在内的主要污染物向出口导向型的发展中国家转移，使得后者成为"污染天堂"。欧盟不仅不给予补偿，反而还要对出口国的产品征收碳关税。如果欧盟碳关税政策得以实施，碳公平问题必将进一步恶化。

2022 年 8 月，"可持续市场倡议"中国理事会成立大会在江西省九江市举行，中国国务院副总理胡春华、英国王储查尔斯分别发表视频致辞。胡春华指出，中国政府高度重视生态文明建设和可持续发展，习近平总书记提出全球发展倡议，呼吁国际社会加快落实联合国 2030 年可持续发展议程，推动实现更加强劲、绿色、健康的全球发展。在习近平总书记的关心和支持下，"可持续市场倡议"中国理事会正式成立，必将成为工商界参与全球可持续发展事业的重要合作平台。

2022 年 9 月，二十国集团（G20）贸易、投资和工业部长会议在印度尼西亚举行，会议主要就世界贸易组织改革、多边贸易体制促进实现可持续发展、疫情应对、数字贸易与全球价值链、可持续投资、工业 4.0 等议题进行讨论。中国在发言中表示，中方愿同 G20 其他成员一道，积极参与世贸组织改革，推动多边贸易体制促进实现可持续发展目标。

2022 年 10 月，习近平总书记在党的二十大上正式提出并系统阐释了中国式现代化的内涵与特征：中国式现代化是人与自然和谐共生的现代化；我们坚持可持续发展，坚持节约优先、保护优先、自然恢复为主的方针，像保护眼睛一样保护自然和生态环境，坚定不移走生产发展、生活富裕、生态良好的文明发展道路，实现中华民族永续发展。

依据联合国最新发布的《2024 年可持续发展报告》，中国 SDGs 指数总得分为 70.9 分（满分为 100 分），在全球 167 个测评国家中排名第 68 位，高于东亚和南亚地区的平均水平（66.5 分），见图 8-1。

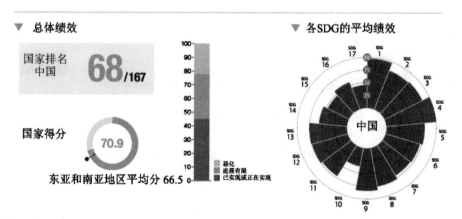

资料来源：Jeffrey D. Sachs, Guillaume Lafortune, Grayson Fuller, et al., Sustainable Development Report 2024, Dublin, Dublin University Press, 2024.

图 8-1　中国 SDGs 指数得分及排名

如图 8-2 所示，中国已达成 SDG 1(无贫穷）和 SDG 4(优质教育），在 SDG 1（无贫穷）、SDG 9（产业、创新和基础设施）上取得积极进展，SDG2（零饥饿）、SDG5（性别平等）、SDG8（体面工作与经济增长）、SDG12（负责任的消费和生产）、SDG13（气候行动）、SDG 14（水下生物）、SDG 15（陆地生物）、SDG 17（促进目标实现的伙伴关系）的进展停滞。

资料来源：Jeffrey D. Sachs, Guillaume Lafortune, Grayson Fuller, et al., Sustainable Development Report 2024, Dublin, Dublin University Press, 2024.

图 8-2　中国 SDGs 的 17 项目标变动趋势

三、中国地区可持续发展绩效测度：基于真实进步指标

如第七章所述，作为主要衡量一国经济产出规模的指标，GDP 因其忽略了许多成本和收益项目，进而无法全面准确地测度社会福利，在学界探索提出的众多指标中，真实进步指标（GPI）有其突出特点，有望成为替代 GDP 更理想的指标，但也仍然存有不足，需要进一步研究和完善。为

此，北京师范大学关成华教授组建研究团队，开展中国 GPI 的系列研究工作，包括编制译丛、完善指标体系、开展中国真实进步微观家庭调查和发表科研成果等。2021 年，关成华等发表学术论文《剖析中国可持续发展：基于真实进步指标》[①]，测算中国及省级的 GPI。

GPI 测算框架下的 23 个子指标中有 14 个使用了中国真实进步微观调查数据。该调查涉及中国 29 个省的 42000 户家庭样本，内容涵盖消费、就业、收入与财富、家庭支出、生活满意度、志愿服务等多个主题，数据质量得到学术界和政府的一致认可。作为第一篇基于微观调查数据进行的国家和省级 GPI 研究成果，论文有助于更好测度中国可持续发展水平，详细揭示了地区福利差异，为推动实施可持续发展战略提供了参考，此外，论文提出的基于微观数据的 GPI 测算方法也可以为其他国家和地区提供有益借鉴。

论文使用的 GPI 核算框架包括经济、环境和社会三大账户，分别代表经济增长质量、环境可持续性和社会福利。每个帐户都包含正项和负项的子指标。正项代表增加福利，负项代表损失福利。根据已有的 GPI 研究和中国国情，论文对原有测算体系进行了调整，新增"防尘防雾支出"和"公共产品和服务价值"两项。调整后的测算框架如图 8-3 所示，GPI 各账户及相关项目如表 8-1 所示。

论文使用的数据有两种来源，即宏观统计数据和微观调查数据。宏观统计数据均来自《2017 中国统计年鉴》和《2017 中国环境统计年鉴》。微观调查数据来自中国真实进步微观调查。

---

① 本小节内容主要引自该论文，不再另行标注，新疆、西藏、香港、澳门、台湾的数据不包括在统计之中，具体可参阅 Chenghua Guan, Yuwei Weng, Jing Zhao, et al., "Examining China's sustainable development based on genuine progress indicator", *Sustainable Production and Consumption*, Vol.28, 2021, pp, 1635–1644.

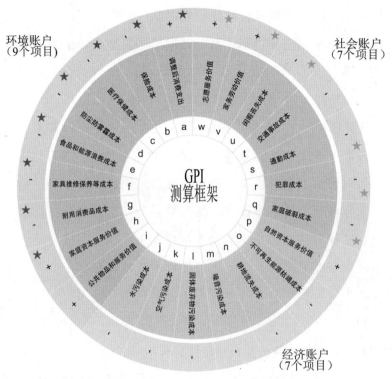

说明："+"表示对 GPI 的积极贡献，"-"表示对 GPI 的贡献；'☆'表示计算本项的数据来自中国真实进步微观调查数据。字母"a、b、……、v、w"表示项目编号。

图 8-3 中国 GPI 测算框架

表 8-1 GPI 账户及相关项目

账户	相关项目
经济账户	a+h+i−(b+c+d+e+f+g)
环境账户	p−(j+k+l+m+n+o)
社会账户	v+w−(q+r+s+t+u)
真实进步指标	经济账户＋环境账户＋社会账户

首先来看中国国家层面及区域层面的 GPI 情况（见图 8-4）。2016 年，中国 GPI 的总值为 32.69 万亿元，其中经济账户、环境账户和社会账户分别为 31.25 万亿元、−2.53 万亿元和 3.97 万亿元。经济账户是 GPI 最大的贡

献者，而环境账户对总经济福利有负面影响。中国 GPI 的人均值为 2.4 万元，其中，西部地区远小于东部地区，GPI 的人均值最高地区（京津）是最低地区（西北）的 26 倍左右。中部地区和东海岸的经济账户最大。西北地区的环境账户对 GPI 的影响最大（−17%）。

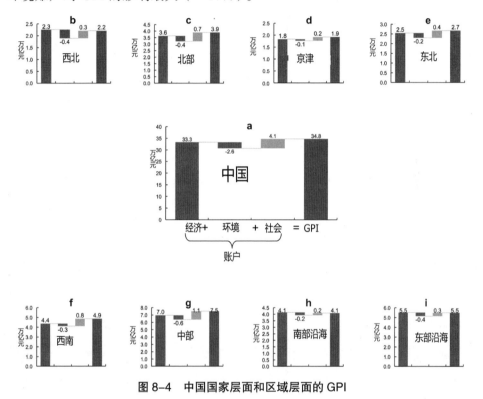

图 8-4　中国国家层面和区域层面的 GPI

其次来看国内各省的 GPI 及其与 GDP 的对比情况（见图 8-5）。从测度省份的 GPI 来看，广东、江苏和山东位居前三，而海南、青海和宁夏排名最后。结果表明，GPI 值越大，其省级经济账户就越大，因为经济账户对 GPI 的贡献最大，甚至起决定性作用。山东、江苏、河北的环境账户对经济福利的影响最大。山东、河北和四川的社会账户贡献最多。在所有省份中，GPI 均小于 GDP，这表明后者可能高估了真实经济福利。总体而言，GDP 与 GPI 呈现正相关关系，而 GPI 与 GDP 之比则无此特征。

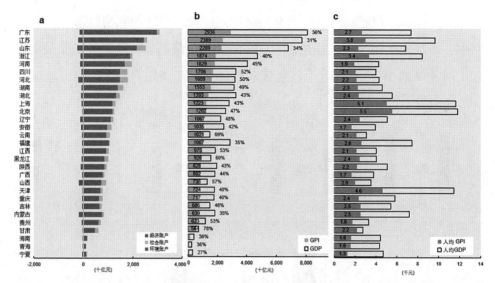

说明：a.经济账户、社会账户和环境账户的价值。b.GPI和GDP。c.人均GPI和人均GDP。

图 8-5　各省 GPI 与 GDP 的比较

再次来看论文结果和现有相关研究结论的对比情况（见图 8-6）。随着 GDP 的增长，GPI 也呈上升趋势，发达国家和地区通常具有更高的 GDP 和 GPI。GPI 与 GDP 的比值可在一定程度上反映经济增长质量。当环境和社会成本超过 GDP 增长带来的收益时，GPI 与 GDP 之间的差距就会扩大。此外，论文测算出的中国 2016 年 GPI 与 GDP 的比率（47%）在所有列出的国家或地区中处于中等水平，高于日本（2008 年为 22%～25%）和巴西（2010 年为 44%），但低于美国（2014 年为 54%）。

最后论文给出三点政策建议：（1）追求高质量的经济增长是提高国家和地区经济福利的必要条件。论文结果表明，区域经济增长与中国可持续的经济福利正相关。当经济增长达到一定水平或阈值时，提高经济增长质量势在必行。中国经济取得了长足的进步，并将继续保持增长，在此背景下，在试点城市推动 GPI 测算，对促进中国经济高质量发展具有重要意义。（2）通过差异化的区域可持续发展战略可以缩小各省差距。区域发展不平衡仍然是中

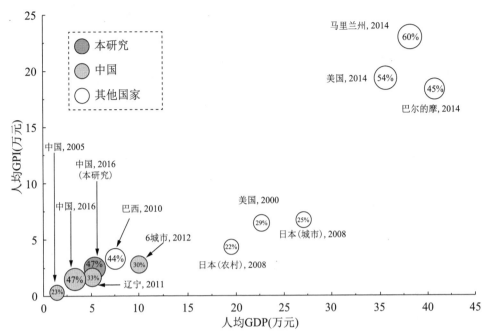

说明：每个气泡的面积代表 GPI 与 GDP 的比率。气泡的颜色深浅代表研究领域，深色代表本研究的中国国家成果，浅色代表国内其他研究，包括国家级和地区级（六个城市的研究），白色代表国外研究。在每个气泡附近，标明了研究领域、年份和 GPI 与 GDP 的比率。

图 8-6　人均 GPI 与人均 GDP 之间的关系

国的一个突出问题，论文结果表明，东部省份的 GPI 和 GDP 均大于西部省份。因地制宜设计差异化的可持续发展路径，对于平衡区域发展和提高全国经济福利至关重要。（3）需要强调非市场价值或成本对可持续经济福利的重要影响。论文结果表明，环境污染的负面影响在全国和省级 GPI 中占很大比例。因此，提高污染防治的优先级，降低污染造成的成本，是提高中国可持续发展绩效的重要措施之一。在社会账户中，家务劳动价值占比较大，而志愿服务价值仍有较大增长潜力。将家务劳动和志愿服务纳入国民经济统计体系，是促进可持续经济福利的重要途径。

专栏 8.2　中国如何推进消费税绿色化改革？ [①]

消费税是中国营改增后，仅次于增值税的第二大商品劳务税税种。自 1994 年开征后，消费税经历了几次重大的制度调整，包括 2006 年消费税制度改革、2008 年成品油税费改革、2014 年以来新一轮消费税改革等，征税范围、税率结构和征收环节不断调整和完善。目前，中国消费税征税品目涉及 10 个行业、20 类产品。税收收入从 1994 年的487.4 亿元增加到 2019 年的 12564.44 亿元，25 年间增长了 25 倍。尽管从绝对数量上来看，国内消费税收入持续快速增加，但从其占总税收、国内生产总值、第二产业增加值的比重来看，整体呈现稳中有降的态势。

消费税旨在实现多重目标，保护资源环境、发挥绿色效应只是其之一。中国消费税的绿色效应凸显为两点：一是征收品目中逐渐增加了高能耗、高污染类产品，对应税率也有所提高。2006 年以来，新增的木制一次性筷子、实木地板、电池、涂料、"超豪华小汽车"等税目，均有保护资源环境的目的。小汽车、成品油、豪华小汽车等产品的消费税税率也有所提高，凸显了消费税的"绿化"功能。二是引致部分非环保型产品产量下降。中国的实木地板、摩托车、表、润滑油产量有所下降。2015 年，国内又开始对电池、涂料征收消费税，中国铅酸蓄电池出口数量由 2015 年的 21745 万个降到 2020 年的 16943 万个，降幅达22.1%。

当前，中国消费税对于保护资源环境而言仍有不足之处，有待继续改革完善：一是征收税目中的高能耗、高污染类产品偏少。尽管国内消费税征收税目与国际上消费税的主流征收范围基本一致，逐渐增加了高能耗、高污染类产品，强调绿色环保功能，如对能源产品、机动车、一

[①] 主要来源：林永生、尹秋月：《调整税目 推进消费税绿色化改革》，载《行政改革内参》，2022（1）。

次性木制筷子、实木地板、电池、涂料等产品征税，但对能源产品的征收范围偏窄，而且很多其他污染性产品并未被纳入征收税目。国内对能源产品征收消费税主要限于成品油，而国外多对煤炭、天然气和电力也征税。已有越来越多的国家开始将诸如白炽灯、化学农药、洗涤用品、塑料袋包装物等污染性产品纳入消费税征收范围，但国内对这类污染性产品基本不征消费税。二是部分应税高能耗、高污染产品的税率偏低。成品油是中国消费税征税目录中的主要污染性产品，但税率偏低。国内成品油消费税的税负水平（成品油消费税／零售价）约为 20%（汽油 24.4%、柴油 20%），与 OECD 国家平均水平 35.96% 相比，明显偏低。此外，实木地板、鞭炮焰火、木质一次性筷子、电池、涂料等消费品的消费税税率也偏低，如木制一次性筷子适用 5% 的税率，但由此而增加的税负极低，达不到节约资源、促进绿色发展的目的。三是主要在生产（进口）环节征税，不利于引导居民购买行为，实现绿色消费。消费者购买到的绝大多数消费品，很难追溯到出厂（进口）环节的消费税税额。税收和价格信号对消费者行为的引导效应打折扣，弱化了消费税"寓禁于征"的效果。

为此，建议从以下三方面推进消费税绿色化改革：（1）从"造纸和纸制品业"中选择合适产品纳入消费税征收品目；（2）提高成品油消费税税率，降低高档化妆品和高档手表消费税税率；（3）启动对高能耗、高污染类产品的征税环节后置改革。

参考文献

1. 国家科学技术委员会 . 中国 21 世纪议程——中国 21 世纪人口、环境与发展白皮书 [M]. 北京：中国环境科学出版社，1994.

2. 习近平 . 高举中国特色社会主义伟大旗帜 为全面建设社会主义现代化国家而团结奋斗——在中国共产党第二十次全国代表大会上的报告 [M]. 北京：人民出版社，2024.

后 记

终于落笔了！掩卷思之，感慨颇多。可持续发展，是我们看待未来的一种方式，统筹兼顾，综合平衡，最终实现经济增长、社会包容与环境可持续。这种新理念和新战略，究竟能否作为润滑剂，冲破一道道围墙，建起一座座桥梁？我们这一代成年人，究竟能否充当未来的形象代言人，回望子孙后代时可以理直气壮地告诉他们，"明天定会更美好"？

感谢带领我从事可持续发展问题研究的师友。中国著名经济学家、国务院研究室宏观经济研究司原司长、北京师范大学原经济与资源管理研究院名誉院长李晓西教授是我的博士生导师。他悉心指导我结合政治经济学、西方经济学、资源与环境经济学等相关理论知识开展市场化与绿色化两个方向的研究，同意让我参与《中国市场经济发展报告》和《中国绿色发展指数报告》的编写工作，这些都为我日后研究工作打下了坚实的基础，师恩难忘！哈佛大学高级访问学者、北京昌平区委原书记、北京师范大学创新发展研究院院长关成华教授于 2015 年 5 月至 2021 年 4 月担任北京师范大学经济与资源管理研究院院长，我任副院长并协助其开展工作。他是我从事可持续经济福利问题研究的领路人，向我推荐了真实进步指标（Genuine Progress Indicator, GPI）并带领我开展中国 GPI 系列研究工作，在学习、工作和生活上都给予了我莫大的帮助，感激不尽！

感谢北京师范大学原经济与资源管理研究院的全体师生和太和智库的全体同人。北京师范大学原经济与资源管理研究院秉持院训——"聚贤为国、励志成才"，围绕目标定位——"面向国家重大需求的新型智库"，积极开展以经济学为特色和支撑的交叉学科研究，注重理论研究与政策实践相结合，多项成果获国家领导人批示和重大奖项。这是个温暖的大家庭，我求学于此，执教于此，实为幸事！太和智库为我的可持续发展研究提供了很多机会和便利，资助我赴里斯本参加全球可持续能源论坛、赴武汉参加大河文明对话，以及在北京参加太和文明论坛可持续发展分论坛。我作为太和智库的一名研究人员，与有荣焉！

　　本书主要内容源自我为北京师范大学全体本科生开设的通识课——"可持续发展概论"，教学相长，感谢全体选课学生，感谢尹秋月、刘珺瑜、张怡凡、高海、王昱斐、宋金禹、杜思梦、鲍声望、杨惠童、吴优、马小珂、唐祎繁、王家冀、陈昱杉等同学提供的帮助！

林永生

图书在版编目（CIP）数据

论可持续发展 / 林永生，孟辰雨著. --北京：北京师范大学出版社，
2025.7. -- ISBN 978-7-303-30897-2

Ⅰ. F124

中国国家版本馆 CIP 数据核字第 2025KR6659 号

出版发行：北京师范大学出版社 https：//www.bnupg.com
　　　　　北京市西城区新街口外大街 12-3 号
　　　　　邮政编码：100088
印　　　刷：北京盛通印刷股份有限公司
经　　　销：全国新华书店
开　　　本：787 mm×1092 mm　1/16
印　　　张：12.75
字　　　数：290 千字
版　　　次：2025 年 7 月第 1 版
印　　　次：2025 年 7 月第 1 次印刷
定　　　价：79.00 元

策划编辑：王则灵　　　　　　　责任编辑：钱君陶
美术编辑：李向昕　　　　　　　装帧设计：李向昕
责任校对：张亚丽　　　　　　　责任印制：马　洁